滄海擷珠重光采

北京市文物公司提供国家馆藏文物珍品选

北京市文物公司编

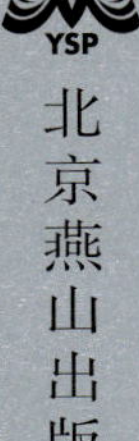

北京燕山出版社

序 言

时光飞逝，转瞬五十五年已过，在这五十五年的进程中，北京市文物公司见证了历史，成就了辉煌，为国家的文物保护、经济建设、人才培养做出了突出的贡献。这是在公司几代人共同努力，经过千辛万苦所取得的，是在一步一个脚印、不求名利、默默无闻中取得的，这是一种精神，是一种无私奉献的精神，是一种永不过时的精神，也是在当今需要大力弘扬的一种精神。

五十五年中，北京市文物公司的广大职工，特别是已退休的老职工们，在不同的历史时期，不畏艰辛，风餐露宿，克服各种困难为国家抢救了大量的珍贵文物，其中有许多文物属于国宝级的，为国家文物保护贡献了力量。

五十五年中，北京市文物公司始终坚持国家制定的“少出高汇，细水长流”的方针，通过经营手段，为国家换取了大量外汇，提供了可观的税收。无论是在国家经济困难时期，还是在改革开放后的经济发展时期，均为国家经济建设做出了突出的贡献。

五十五年中，北京市文物公司作为全国成立最早的一家文物经营单位，充分利用自身优势以无私的精神，先后为全国各兄弟单位、海关及科研单位，培养了大量的专业人才，为国家文物鉴定人才队伍的壮大，倾尽了心血。

五十五年中，北京市文物公司经历了中华人民共和国的历次运动及变革，在建国后的历次政治、经济活动当中，北京市文物公司全体职工始终信念坚定、兢兢业业地保持了文博人的品质和敬业精神。

在当今改革开放的大潮中，北京市文物公司又以新的姿态投入其中，通过大胆创新、锐意进取，使北京市文物公司为国家做出了新的贡献，在经济、管理、业务发展等各个方面均取得了骄人的成绩。

作为北京市文物公司的一员，我们为此感到骄傲！

北京市文物公司经理

何小平

2015 年 8 月 1 日

滄海擷珠重光采

耿寶昌題

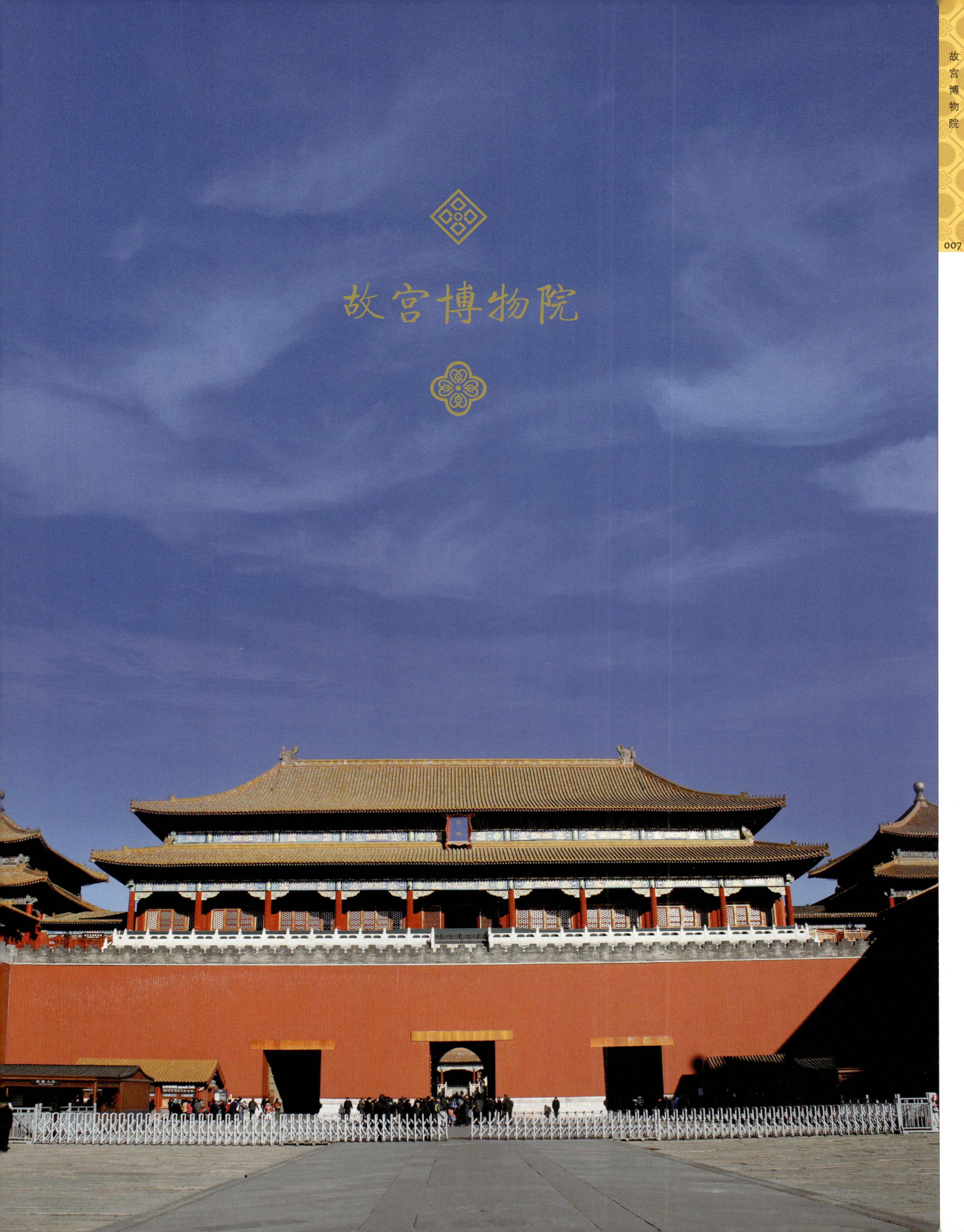

故宫博物院

玉箍形器

周

口径 7 厘米 底径 6 厘米 高 11.7 厘米

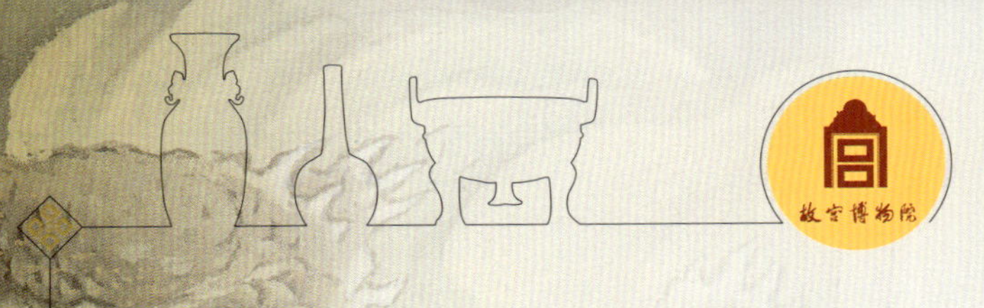

寿山石伏狮罗汉

清

高 6 厘米

款识：杨玉璇

1973 年入院收藏

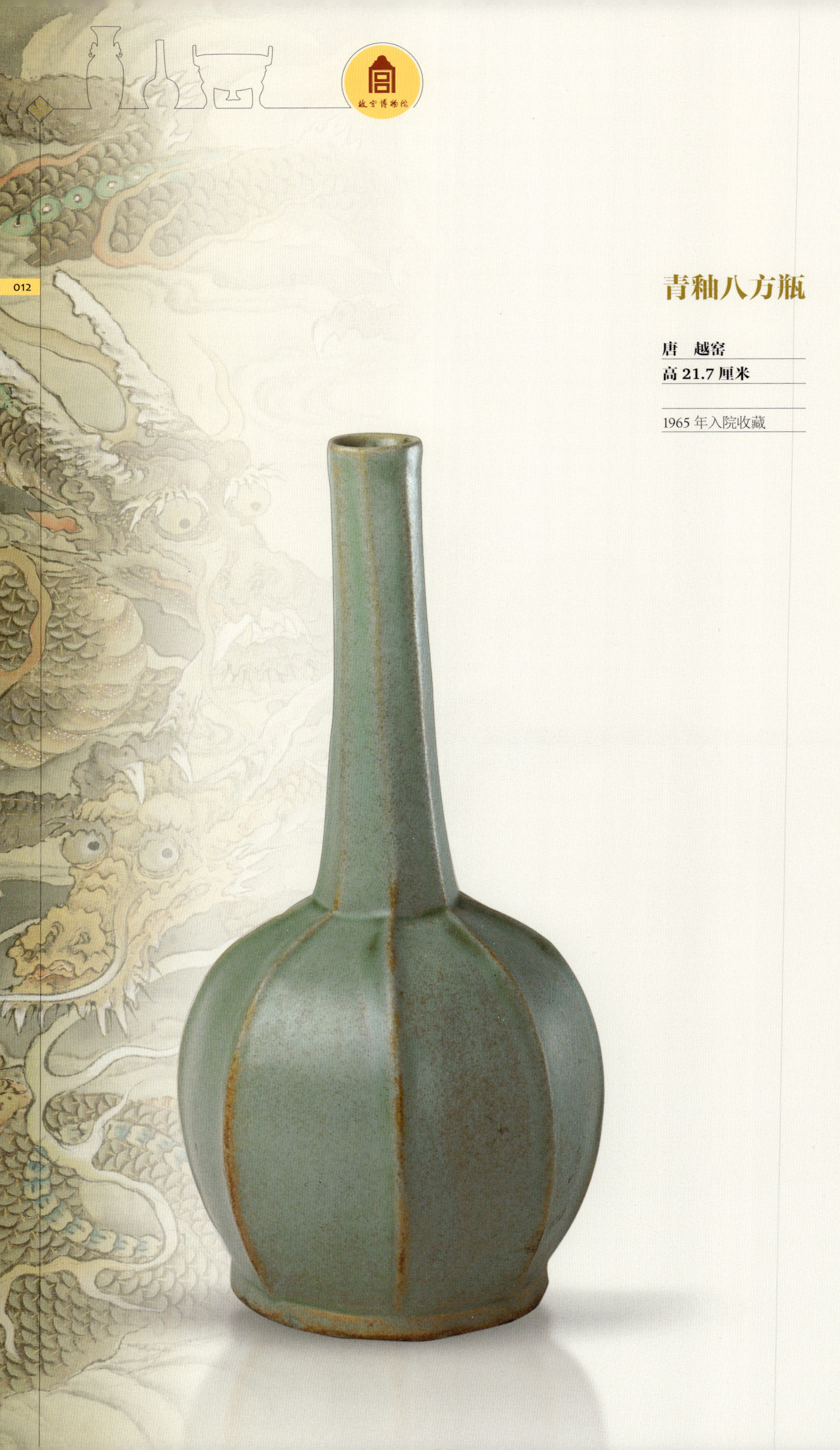

青釉八方瓶

唐　越窑

高 21.7 厘米

1965 年入院收藏

褐釉模印贴花椰枣纹双耳罐

唐　长沙窑

高 19.2 厘米

1963 年入院收藏

天蓝釉红斑折沿洗

宋　钧窑

直径 18.1 厘米

1963 年入院收藏

青黄釉刻花纹碗

金　耀州窑

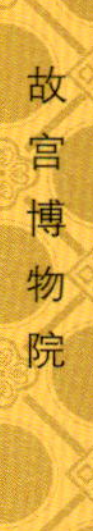

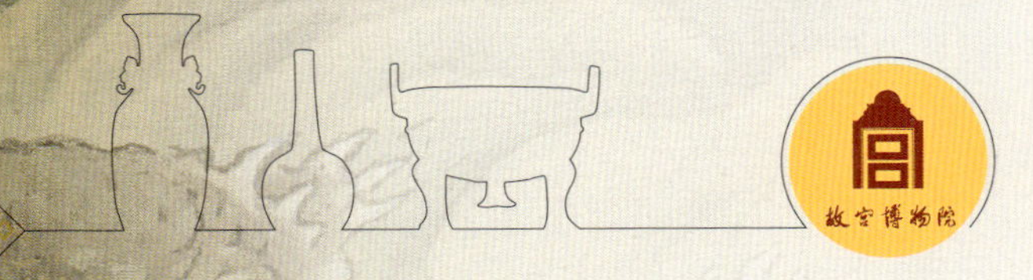

青花鱼虾纹小缸

清康熙

高 13.8 厘米

款识：玉珍佳制

粉彩御窑厂图双耳大瓶

清道光

高 63 厘米

1973 年入院收藏

内太子白鼎

西周

通高 18 厘米 宽 23 厘米

四蛇饰甗

春秋

高 44.7 厘米

冂作宝彝鬲

西周

高 15.9 厘米

龙纹铜镜

明

直径 6.7 厘米

石佛造像

元至正元年

高 13.6 厘米 宽 10.5 厘米 厚 4 厘米

1965 年入院收藏

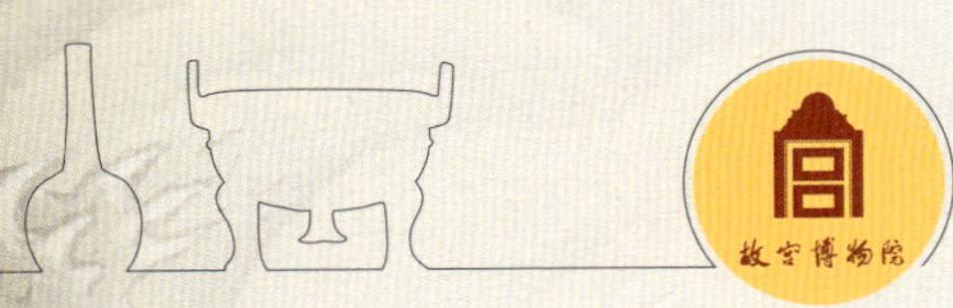

宝笏斋胡星聚琴式墨

清康熙

檀阁琴墨
长 9.8 厘米 宽 2.1 厘米 厚 0.9 厘米
侧款：星聚

怡神琴墨
长 9.8 厘米 宽 1.9 厘米 厚 0.8 厘米
背款：胡星聚制

太古遗音琴墨
长 9.8 厘米 宽 2 厘米 厚 0.9 厘米
侧款：星聚

灵机琴墨
长 9.7 厘米 宽 1.9 厘米 厚 1.8 厘米
背下方：星聚真赏

希音谁识楚明光琴墨
长 9.8 厘米 宽 3.5 厘米 厚 0.8 厘米
顶端：宝笏斋

龙腰琴墨
长 9.7 厘米 宽 1.9 厘米 厚 0.8 厘米
背下方：宝笏斋

焦尾琴墨
长 9.5 厘米 宽 2 厘米 厚 0.8 厘米
背面：星聚监制

凤舌琴墨
长 9.9 厘米 宽 1.9 厘米 厚 0.8 厘米
背下方：宝笏斋

聚云琴墨
长 9.6 厘米 宽 1.9 厘米 厚 0.8 厘米
背下方：星聚

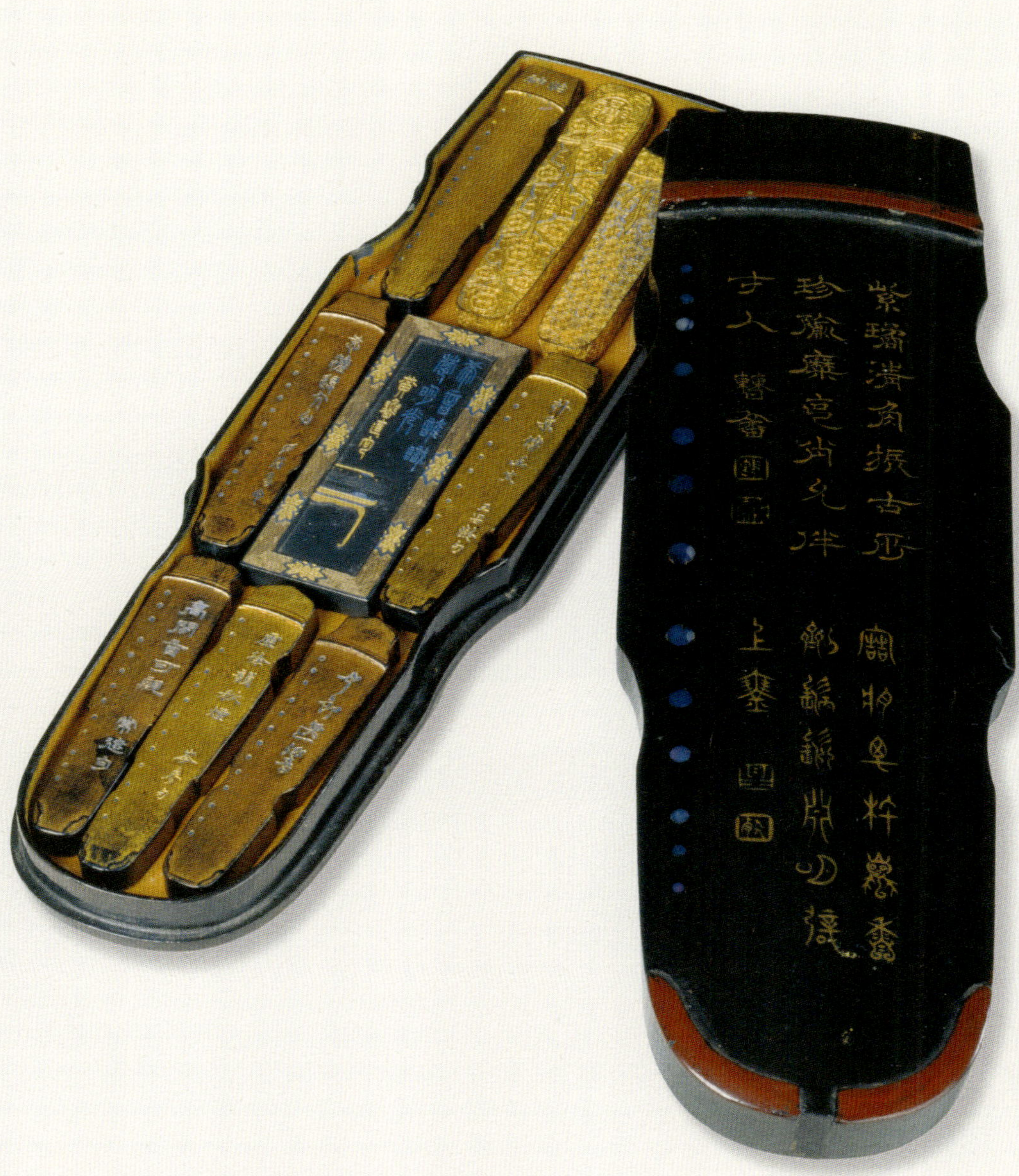

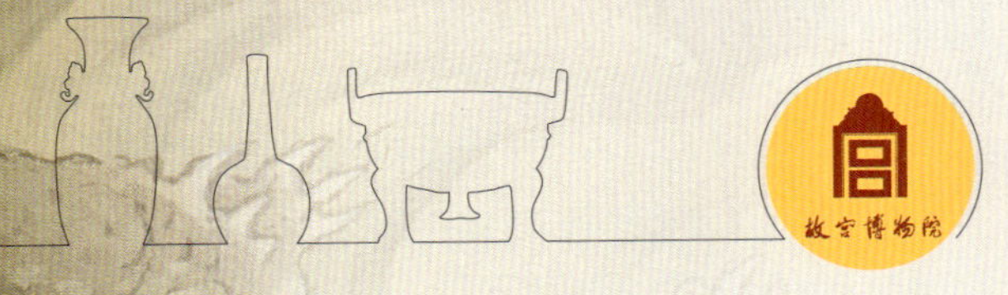

紫檀漆心大方杌

明

长 63 厘米 宽 63 厘米 高 51 厘米

黄花梨云头纹方桌

明

长 90 厘米 宽 90 厘米 高 86 厘米

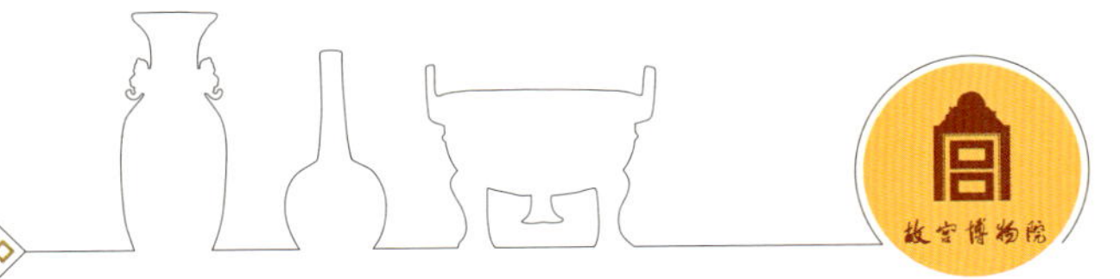

疏柳寒鸦图

宋 · 梁楷 / 绢本

纵 24.2 厘米 横 22.4 厘米

款识：梁楷

1965 年入院收藏

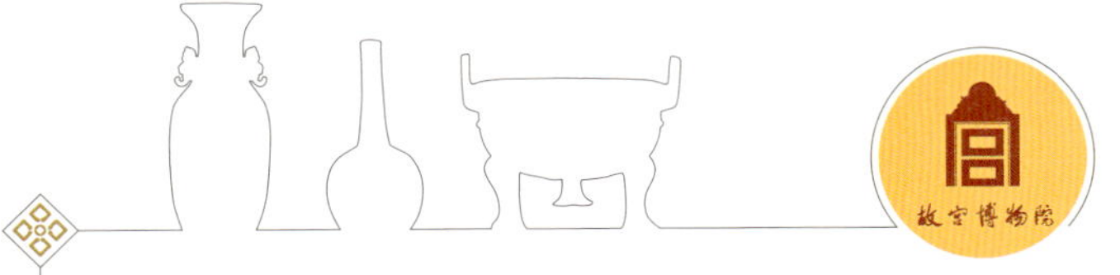

柳溪卧笛图

宋 · 梁楷 / 绢本

纵 26.1 厘米 横 26.1 厘米

款识：梁楷

1965 年入院收藏

雪栈行骑图

宋·梁楷 / 绢本
纵 23.5 厘米 横 24.2 厘米

款识：梁楷
1965 年入院收藏

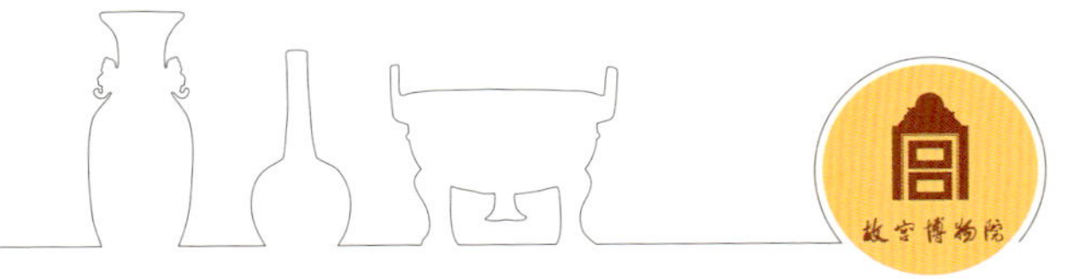

雪堂客话图

宋 · 夏圭 / 绢本设色
纵 28.2 厘米 横 29.5 厘米

款识：臣夏圭
1965 年入院收藏

松溪泛月图

宋·夏圭 / 绢本设色
纵 24.7 厘米 横 25.2 厘米

钤印：黔宁王子子孙孙永保之
1965 年入院收藏

寒山子像

宋 · 马远 / 绢本设色

纵 24.2 厘米 横 25.8 厘米

明代沐氏家族收藏

1965 年入院收藏

石壁观云图

宋 · 马远 / 绢本设色
纵 23.7 厘米 横 24 厘米

1965 年入院收藏

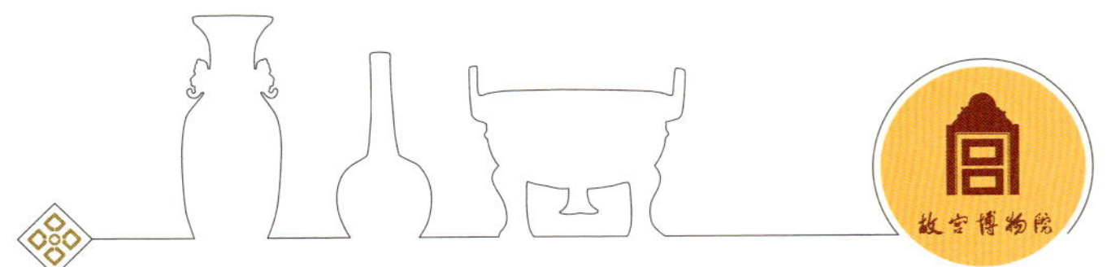

牡丹图

宋·佚名 / 绢本设色

纵 24.8 厘米 横 27 厘米

钤印：黔宁王子子孙孙永保之

1965 年入院收藏

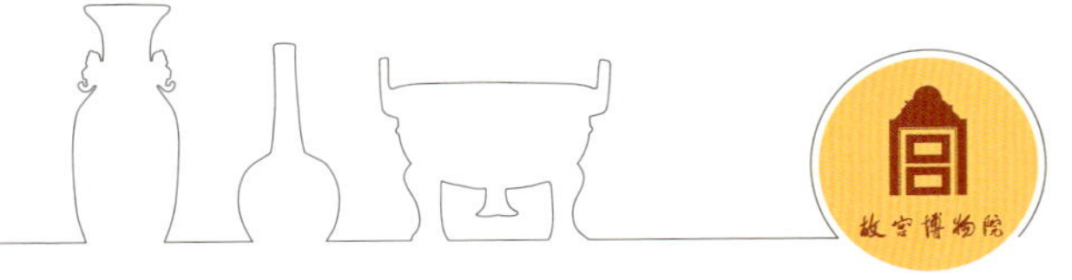

清溪风帆图

宋·佚名 / 绢本设色

纵 24.6 厘米 横 25.6 厘米

钤印：黔宁王子子孙孙永保之

明代沐氏家族收藏

柳荫醉归图

宋·佚名 / 绢本设色

纵 23 厘米 横 24.8 厘米

1965 年入院收藏

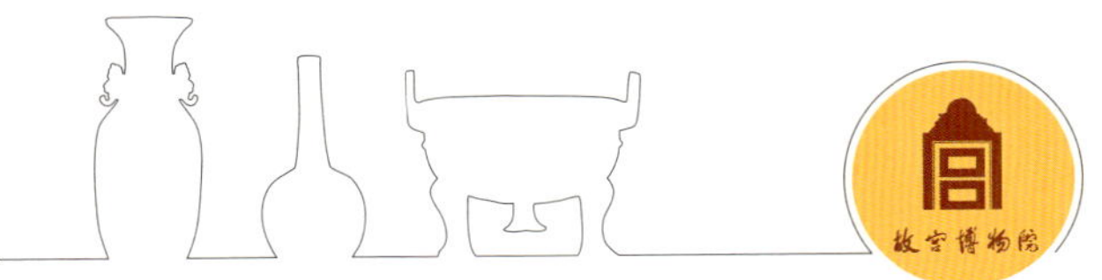

霜柏山雀图

宋・佚名 / 绢本设色

纵 24.2 厘米 横 25.4 厘米

1965 年入院收藏

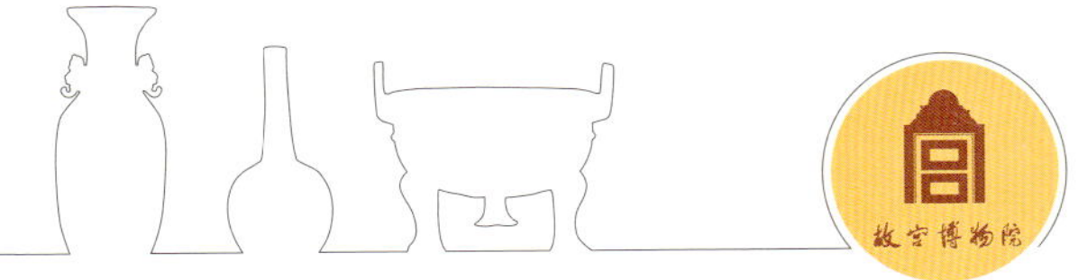

荷蟹图

宋 · 佚名 / 绢本设色

纵 28.4 厘米　横 28 厘米

1965 年入院收藏

蓼龟图

宋·佚名 / 绢本设色
纵 28.4 厘米 横 28 厘米

1965 年入院收藏

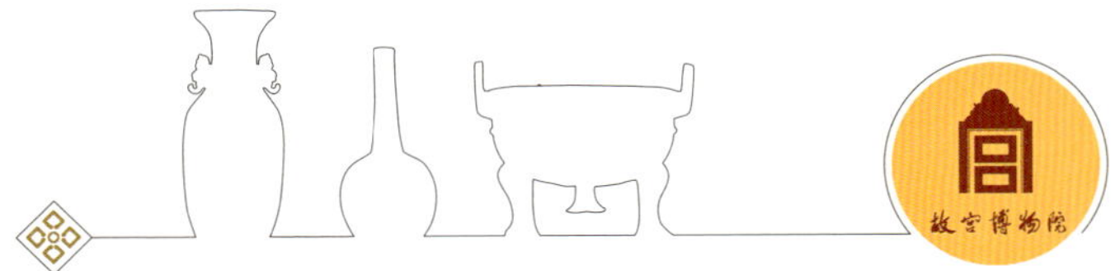

竹涧鸳鸯图

宋 · 佚名 / 绢本设色

纵 24.8 厘米 横 24.8 厘米

1965 年入院收藏

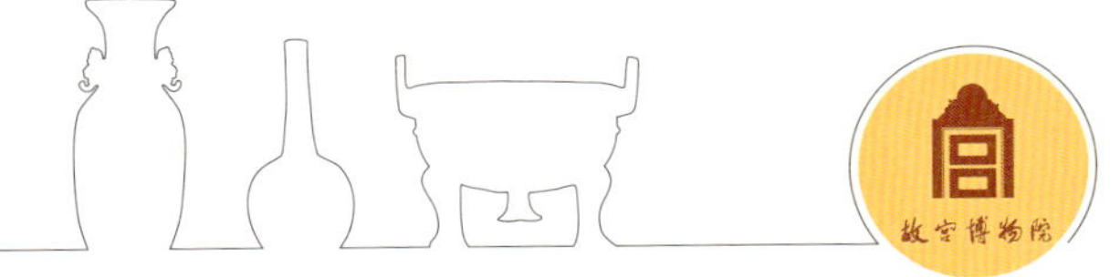

牧牛图

宋·佚名／绢本设色
纵 23 厘米 横 24 厘米

1965 年入院收藏

松谷问道图

宋·佚名 / 绢本设色
纵 21.8 厘米 横 21.2 厘米

明代沐氏家族收藏
1965 年入院收藏

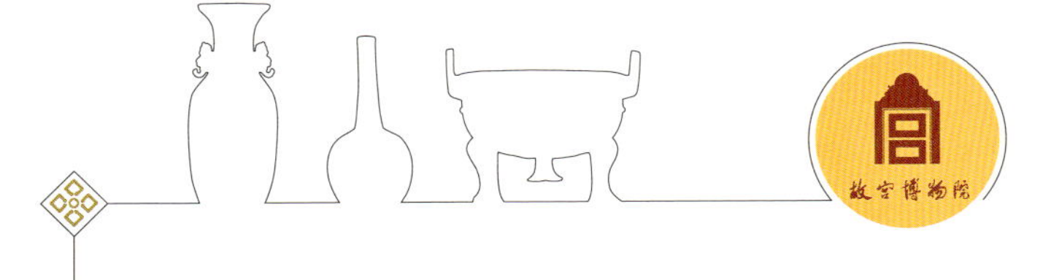

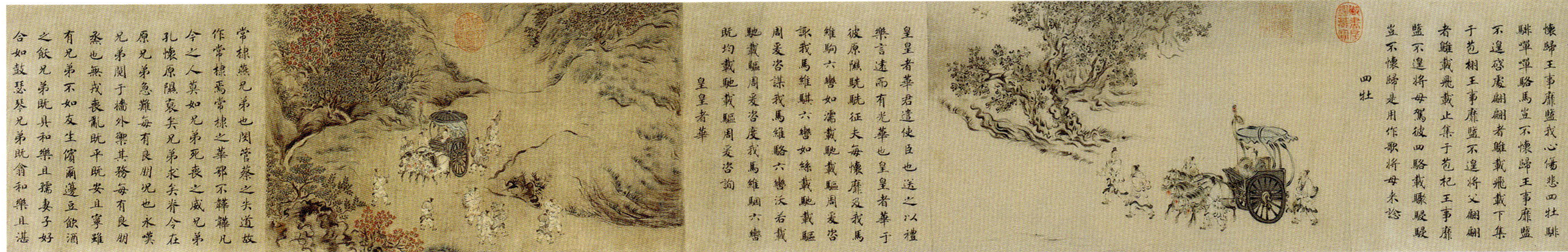

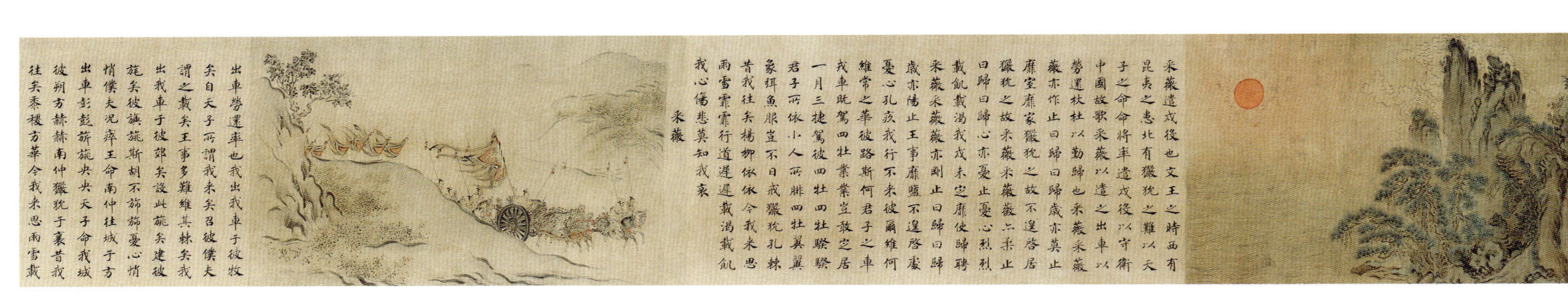

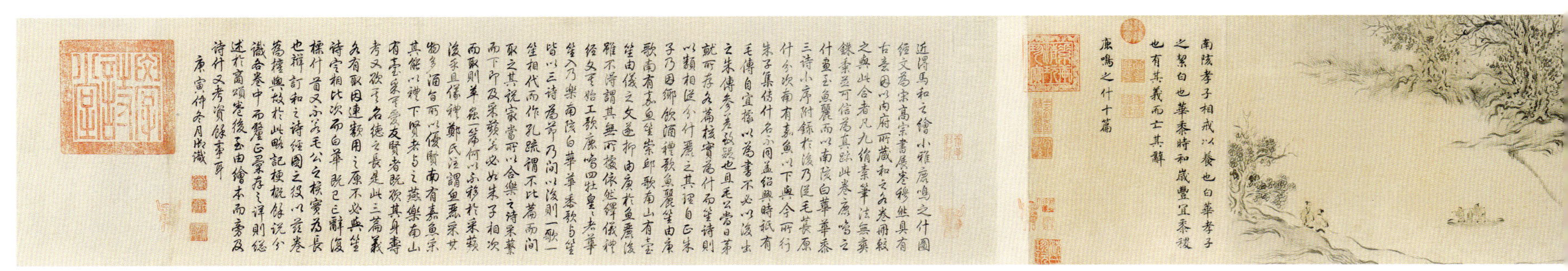

小雅鹿鸣之什图卷

南宋 马和之画 赵构书 / 绢本设色

纵 28 厘米 横 864 厘米

1962 年入院收藏

据考《小雅鹿鸣之什图》卷为宋高宗赵构书、马和之补画的《诗经》题材的图卷。引首为清乾隆帝御书“治赅内外”四字，并钤“五福五代堂古希天子宝”“太上皇帝之宝”等印多方。

马和之，南宋画家。生卒年不详，活跃于高宗时期（12 世纪），钱塘（今浙江杭州）人。高宗绍兴（1131—1162）中登第，官至工部侍郎、兵部侍郎。画院待诏，为南宋宫廷画院中官品最高的画师，居御前画院十人之首。

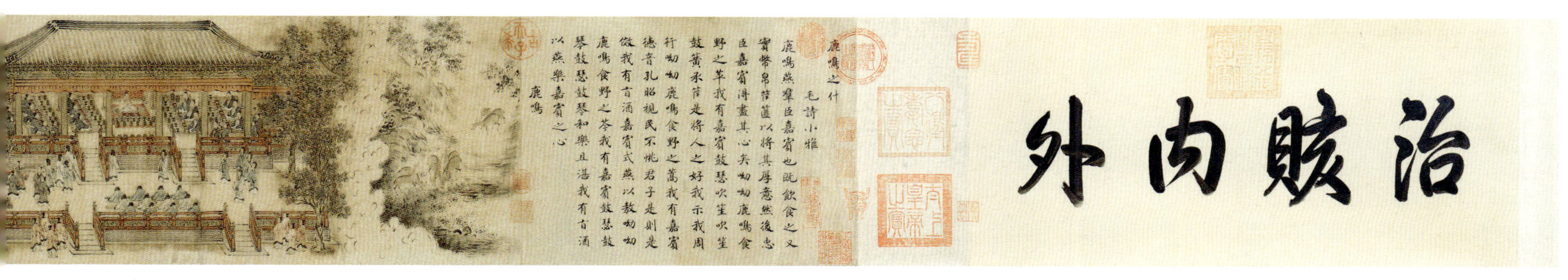
治賅內外

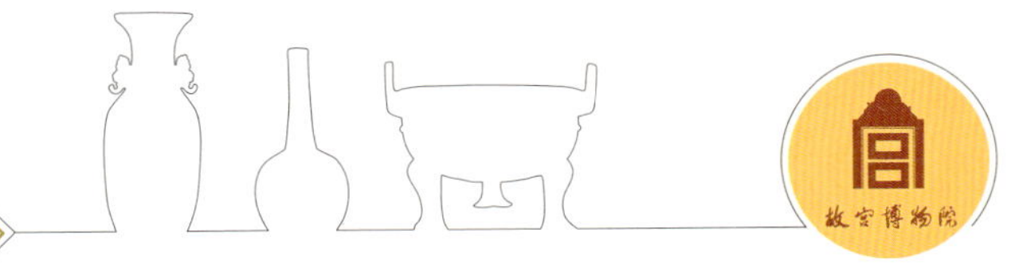

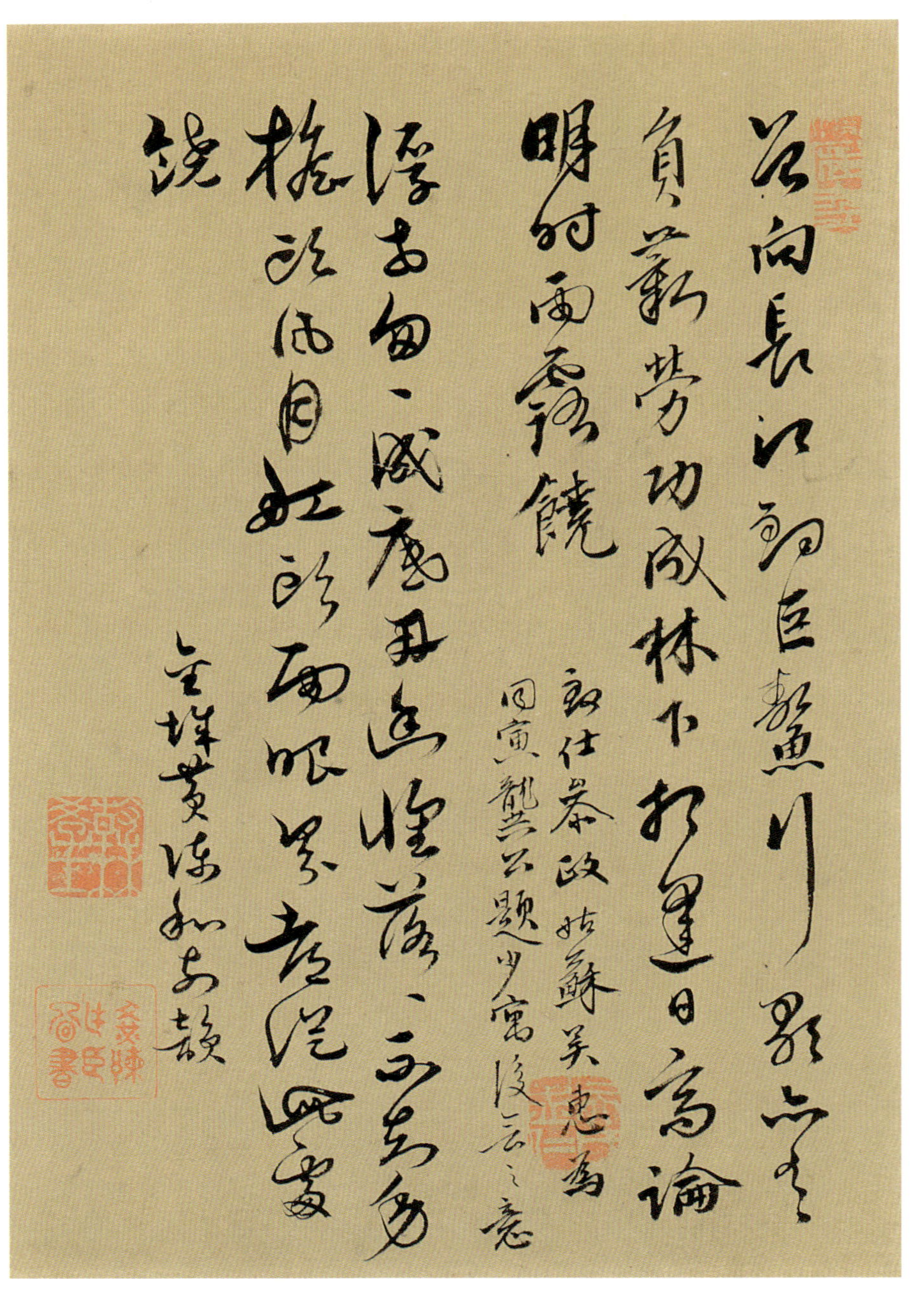

渔樵问答图

元 · 盛懋 / 绢本设色

纵 29.1 厘米 横 20.3 厘米

款识：盛懋

钤印：子昭

1965 年入院收藏

盛懋，字子昭，嘉兴人，生卒年不详。元代画家，约活跃在至正年间。盛懋承家学，善画人物、山水、花鸟。

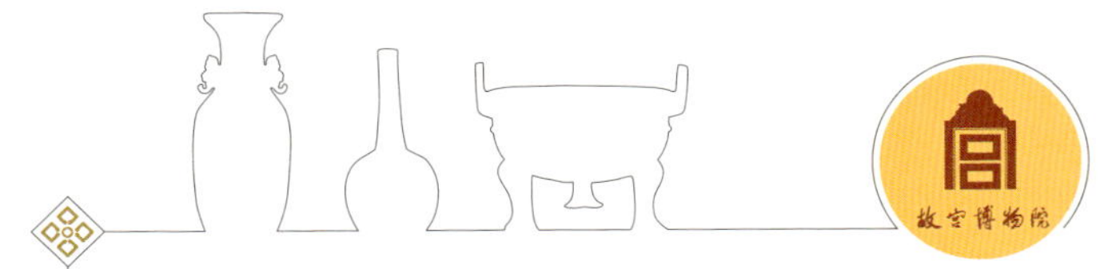

洛神赋图卷

元·佚名 / 绢本设色

纵 26.8 厘米 横 159 厘米

题跋：朱昇、林士奇等

1961 年入院收藏

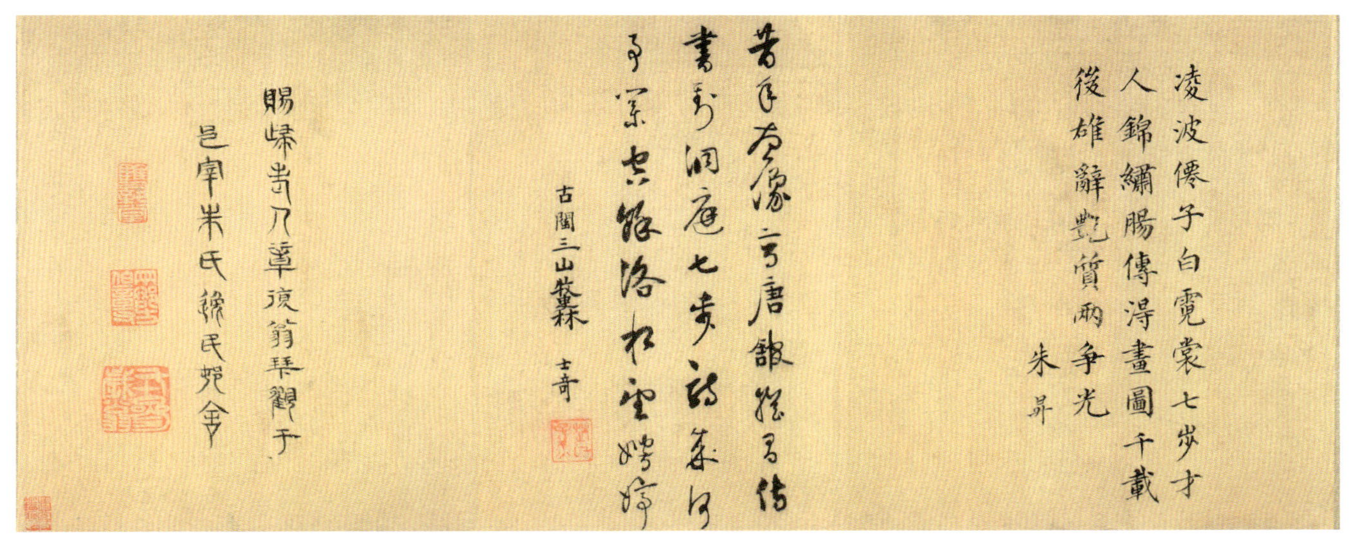
凌波傒子白霓裳七步才
人錦繡腸傳得畫圖千載
後雄辭艷質兩爭光
朱昇
古閩三山

秋江泛艇图

明 · 陈洪绶 / 金笺设色

纵 16.3 厘米 横 51.8 厘米

款识：乙酉暮春，为素中盟兄画，即请鉴。老莲洪绶。

钤印：陈生

陈洪绶（1599—1652），明末清初著名书画家、诗人。字章侯，幼名莲子，一名胥岸，号老莲，别号小净名，晚号老迟、悔迟，又号悔僧、云门僧。汉族，浙江绍兴府（今浙江省诸暨市）人。

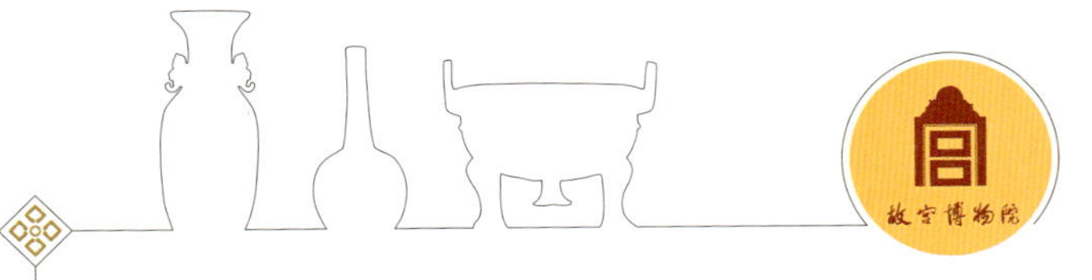

山水册

明 · 董其昌 / 纸本设色（八开）

纵 41.9 厘米 横 29.9 厘米

钤印：董其昌印 男祖原珍藏 烟客珍赏等

1963 年入院收藏

翠嵐樓閣圖倣黄
子久
玄宰

性癖居幽每起遲一來
溪意淒迷林亭秋色蒼
茫裏最送風帆過水西
因寫倪元鎮畫并錄
其詩
玄宰

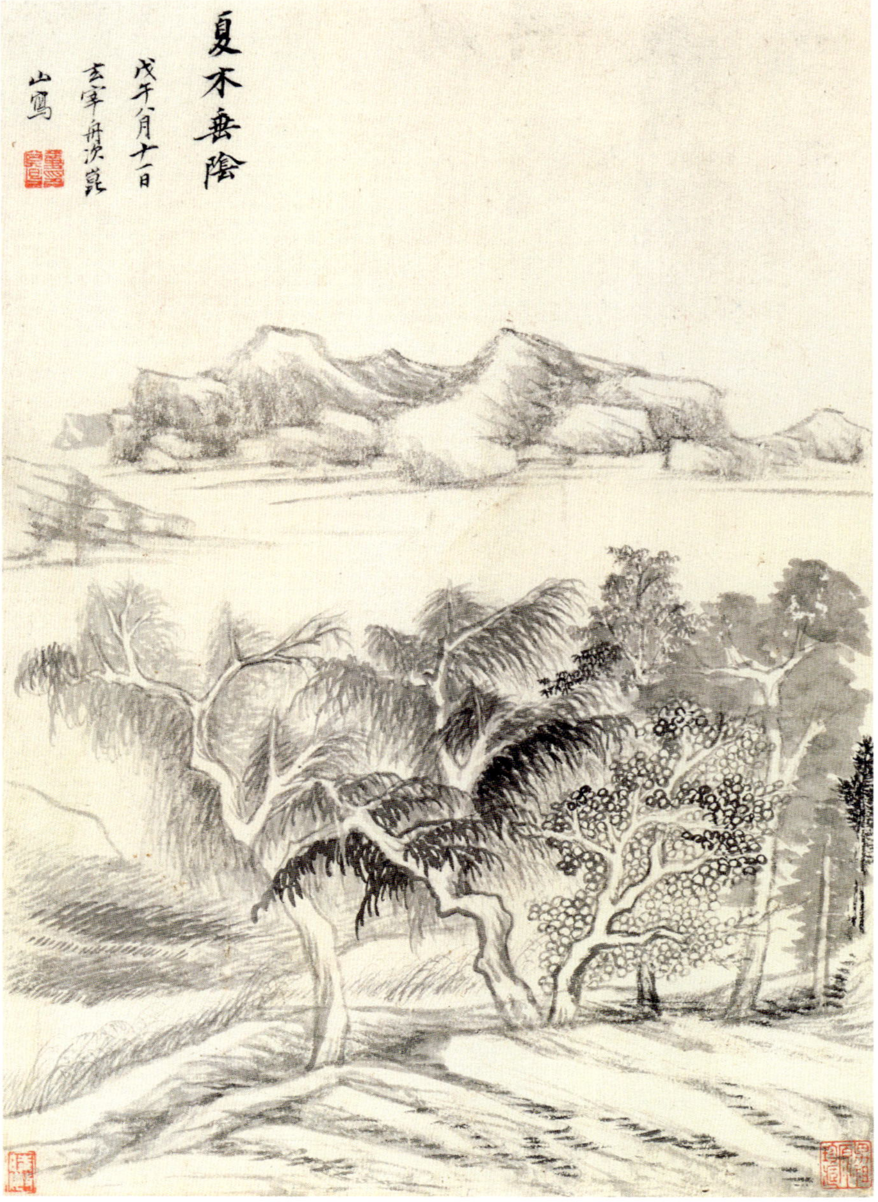
夏木垂陰
戊午八月十日
玄宰舟次崑
山寫

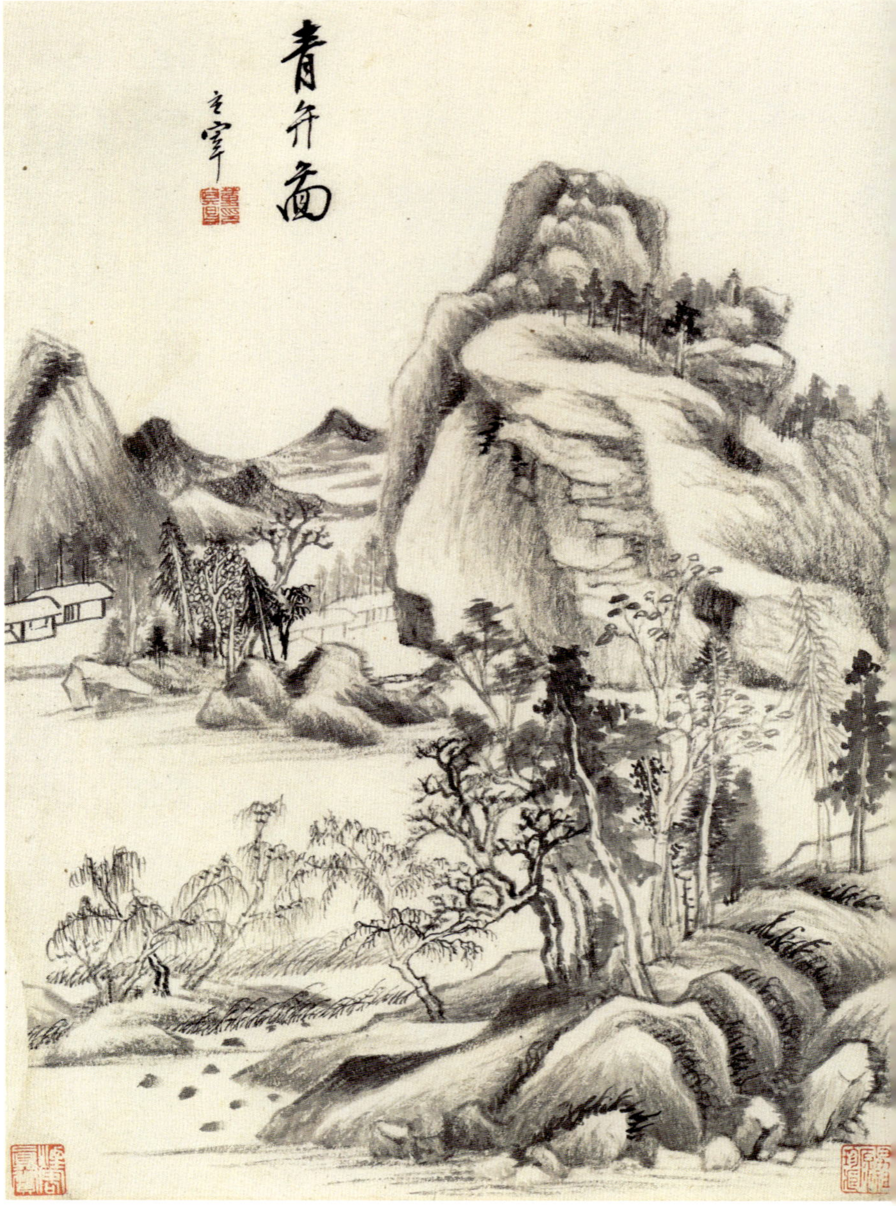
青弁圖
玄宰

関河秋色
玄宰

松崗圖
玄宰

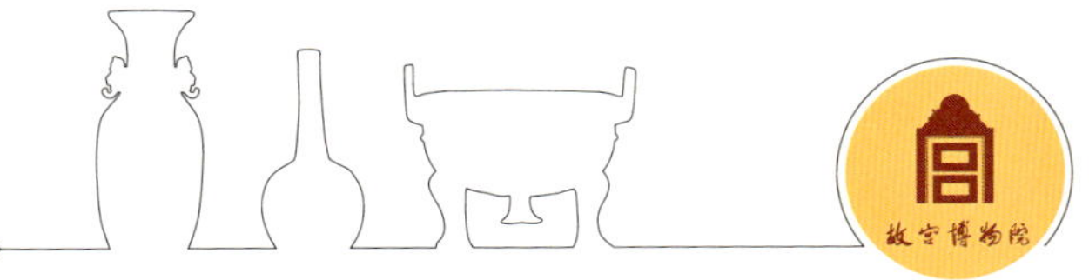

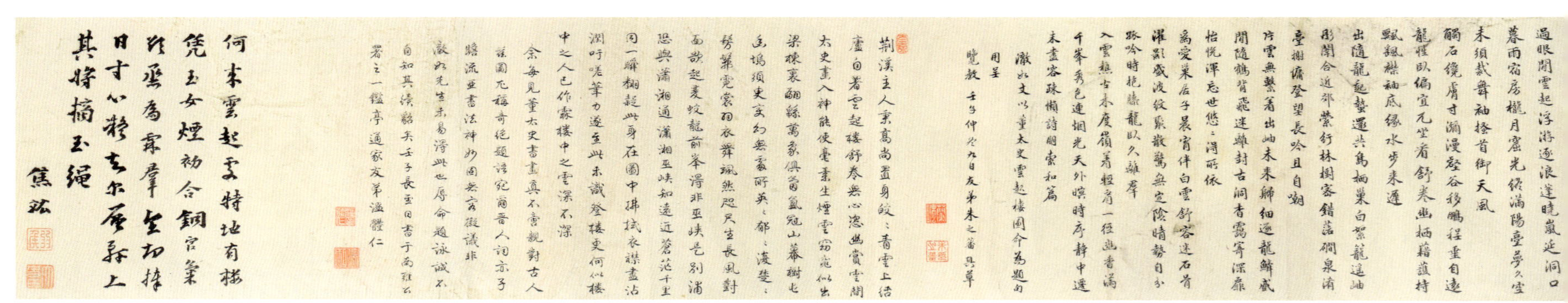

云起楼卷

明 · 董其昌 / 纸本

款识：董其昌为澈如年兄写图，辛亥縠日写云起楼图寄荆溪吴光禄澈如年丈。董玄宰。

钤印：太史氏 董氏玄宰 玄赏斋 董其昌印

董其昌（1555—1636），字玄宰，号思白，又号香光居士，华亭（今上海松江）人。

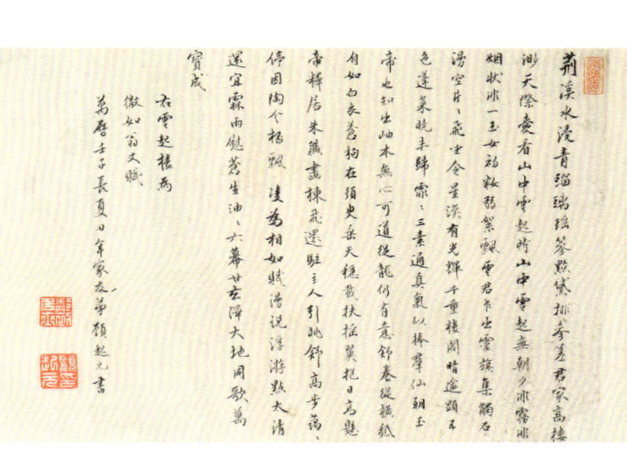

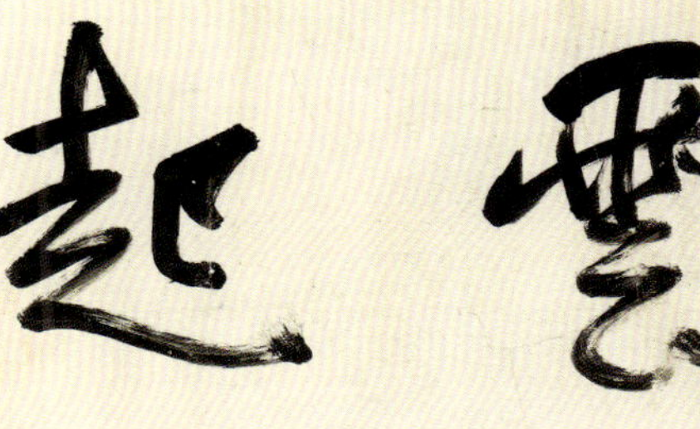
雲起樓

清鉴堂刻摹澄清堂帖

明

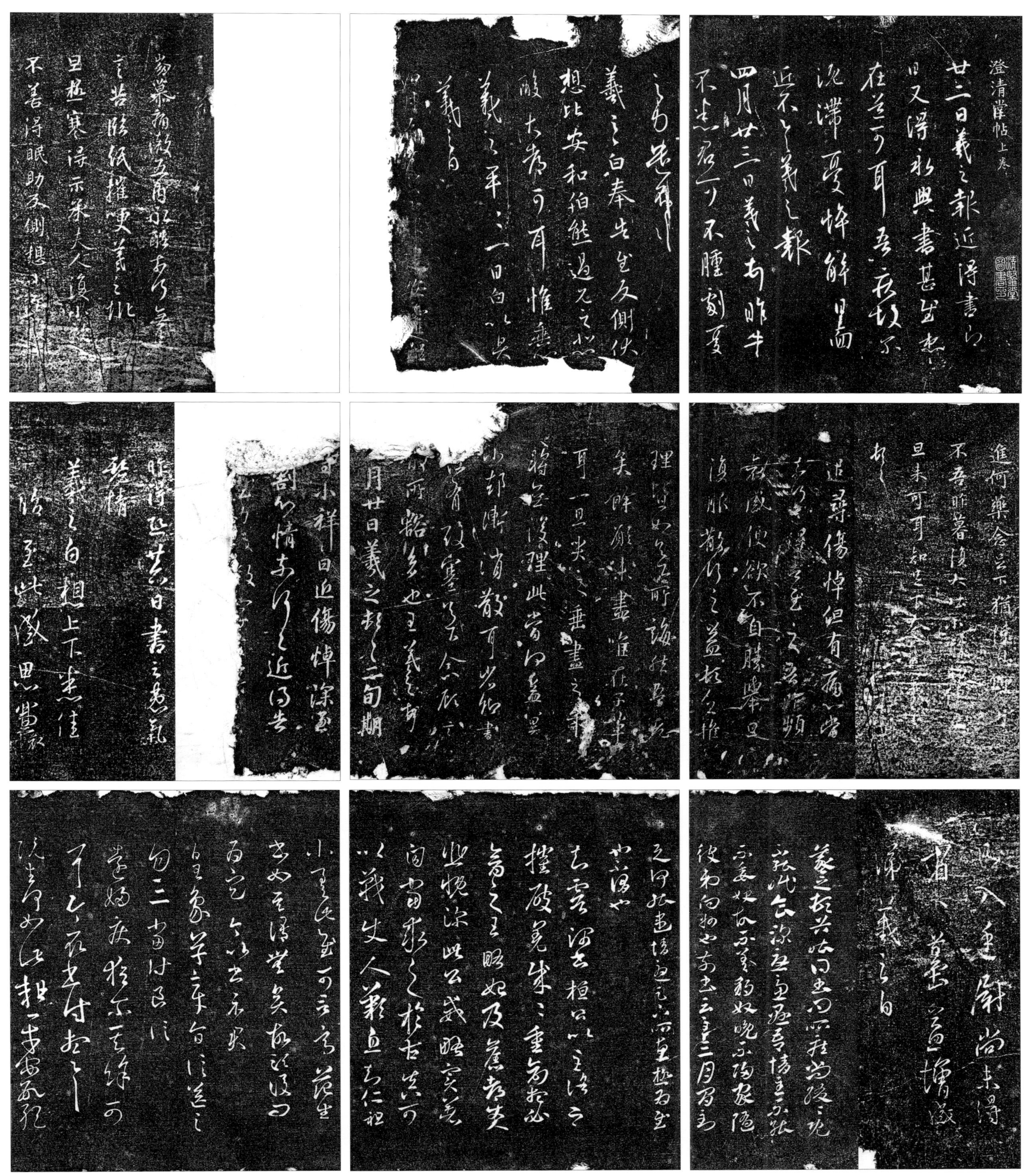
澄清堂帖 上卷

故宫博物院

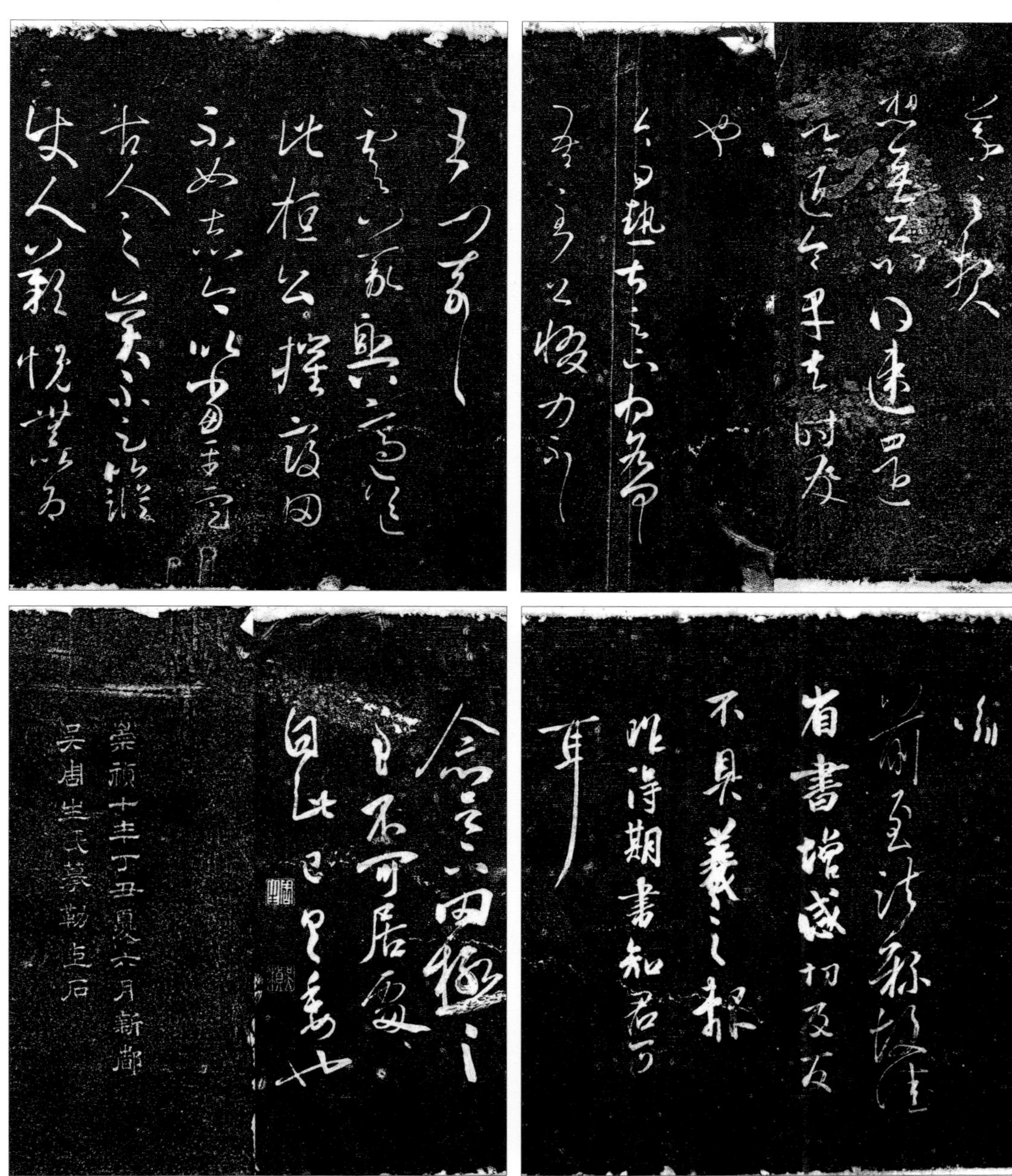
崇禎十年丁丑夏六月新都
吳周生氏摹勒上石

中国国家博物馆

白玉巧雕
松竹梅洗

清

高 5cm 长 12.5 厘米

1991 年入馆收藏

白玉蕉叶纹出戟觚

清

高 19.5 厘米

1991 年入馆收藏

釉里红缠枝牡丹纹大碗

明洪武

高 16.2 厘米 直径 40.5 厘米

青花缠枝莲葫芦瓶

明晚期

高 53.4 厘米

1984 年入馆收藏

青花鱼藻罐

明

高 36.7 厘米

1966 年入馆收藏

青花三果蒜头瓶

清雍正

高 27.6 厘米

款识：大清雍正年制

1984 年入馆收藏

青花八吉祥宝月壶

清乾隆

高 48.5 厘米

1984 年入馆收藏

青花釉里红
桃纹玉壶春瓶

清

高 22 厘米

白釉绳纹三足盆

清雍正

高 14.8 厘米 直径 31.5 厘米

仿石釉堆贴螭龙纹瓶

清乾隆

高 37 厘米

粉彩耕织图鹿头尊

清道光

高 44 厘米

款识：大清道光年制

1986 年入馆收藏

秋蟲語唧唧
檐頭月漸高
紙窗明曉色
練絲
煙流矮屋青
水汲前溪潔
捍車若捲風
映釜如翻雪
絲頭入手長
樂雍熙
相將南畝苦
胼胝望歲心
酬庶免饑石
碌碡來珠顆
潤家家鼓腹
樂雍熙
耕
土膏初動正
春晴野老支
筇早課耕辛
苦田家惟穡
事隴邊時聽
叱牛聲
宿雨初過曉
日晴烏犍有

端石五福砚

清

长 23.2 厘米 宽 12.8 厘米

1989 年入馆收藏

八臂十一面观音像

五代 / 绢本设色

纵 120 厘米 横 60.5 厘米

1961 年 7 月由程长新在西安所购

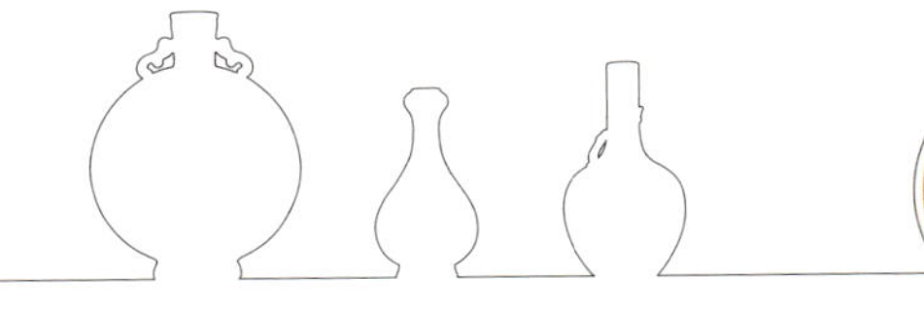

饮饲图卷

元 · 任仁发 / 绢本设色

纵 29.7 厘米　横 189.5 厘米

款识：月山道人作饮饲图于可诗堂。

钤印：任氏子明　月山道人

任仁发（1254—1327），字子明，一字子壵，号月山，松江（今属上海市）人。

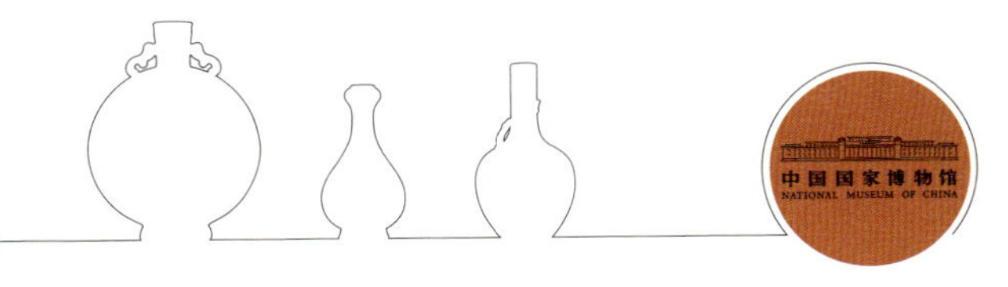

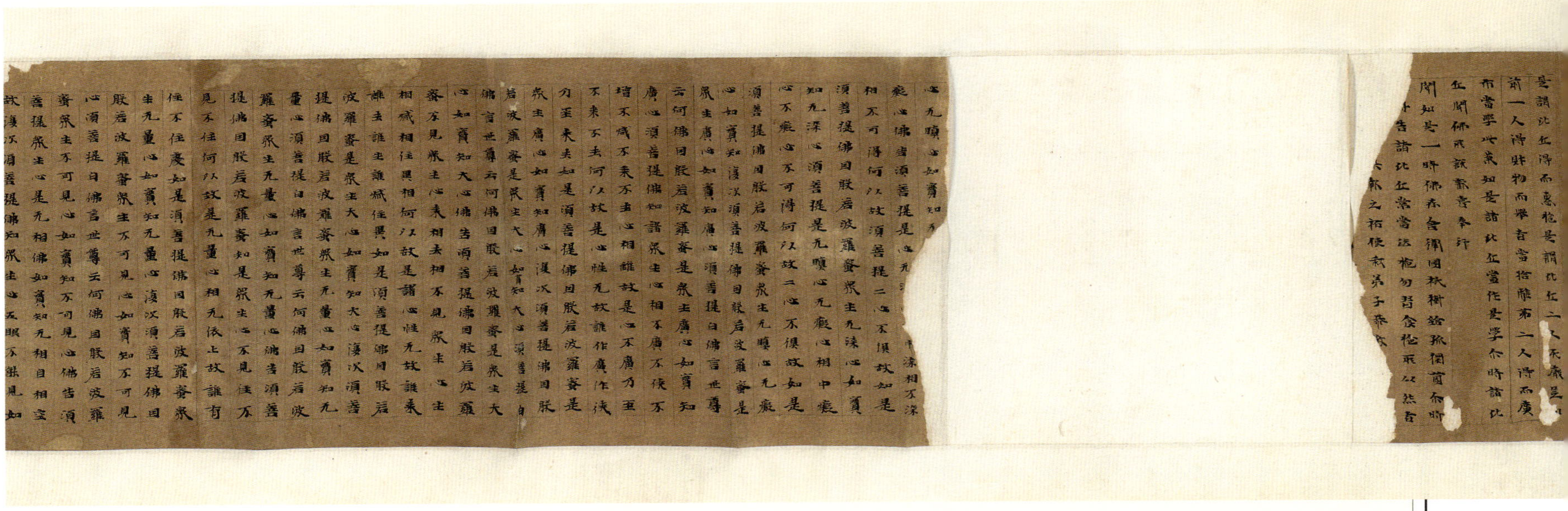

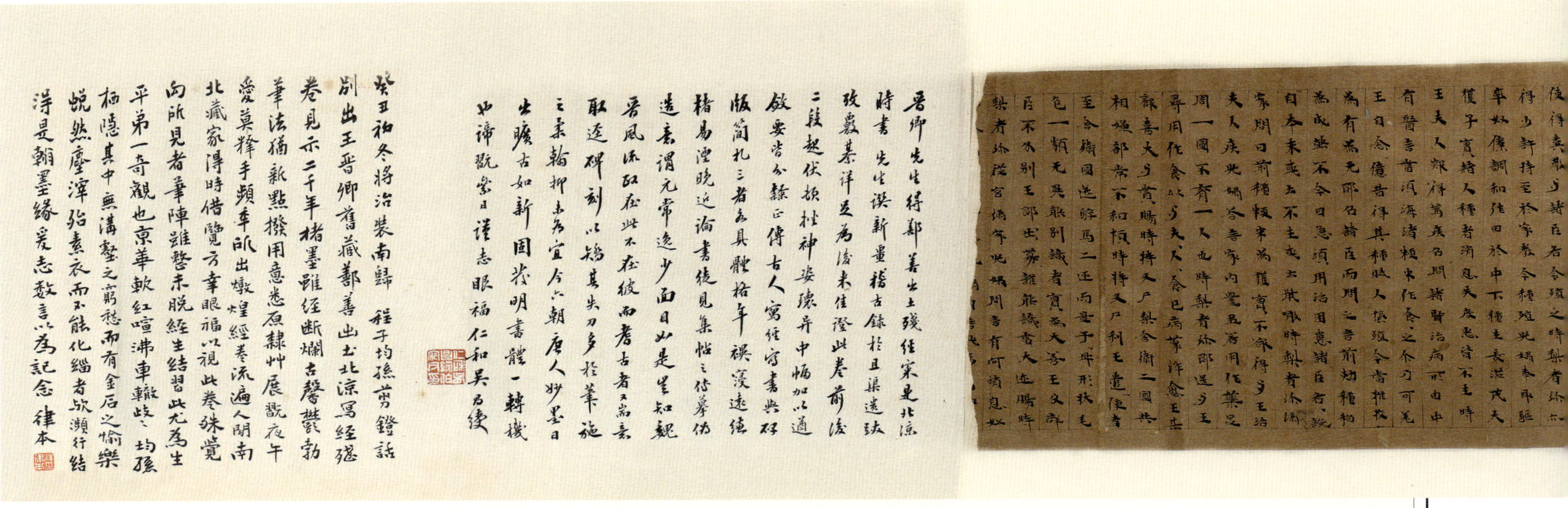

北凉写经卷

北朝
纵 22.4/21.4/22.2 厘米
横 84/65/100 厘米

此卷前後兩紙與余所藏且渠安周所供養經係出一人手書紙色烏絲欄長短大小皆相等並北涼真蹟也丰姿儁逸頗無若玉山之將傾

辛亥二月二十二日新城王樹枏題於北庭

庾肩吾書品云分行紙上類出繭之蛾結畫篇中似聞琴之鶴余往見人家所藏且渠書與此相類北涼之特健藥也純以姿媚取勝

仲父

筆意大似鍾元常薦季直表

晉卿

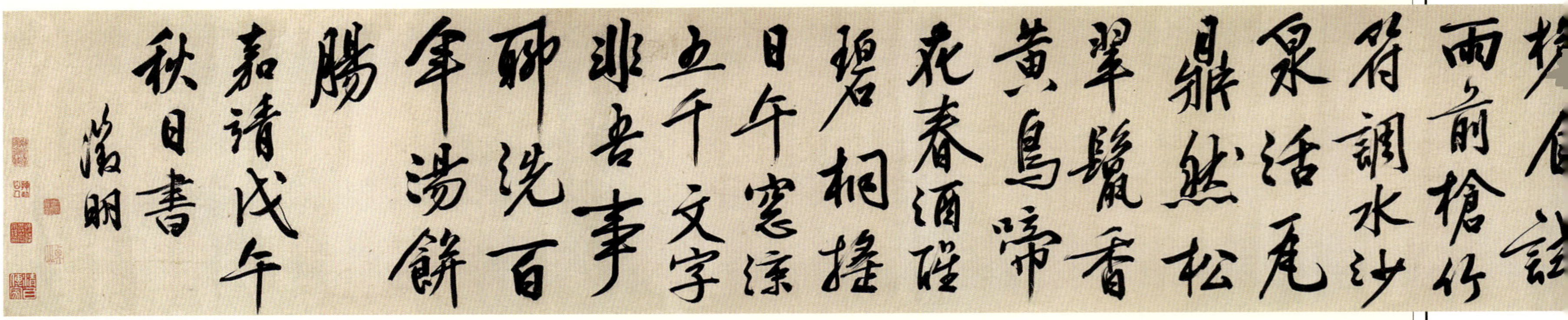

焚香煮茶诗卷

明·文徵明 / 纸本

纵 33.3 厘米 横 362.3 厘米

款识：嘉靖戊午秋日书，徵明。

钤印：文徵明印 衡山

诗文：焚香。扫地焚香习燕清，萧然一室谢将迎，坐移白日花间影，梦破春禽竹外声，心远不妨人境寂，道深殊觉世缘轻，问奇尚有门前客，却怪青山不掩名。煮茶。老去卢仝兴味长，风檐自试雨前枪。竹符调水沙泉活，瓦鼎然松翠鬣香。黄鸟啼花春酒醒，碧桐摇日午窗凉。五千文字非吾事，聊洗百年汤饼肠。

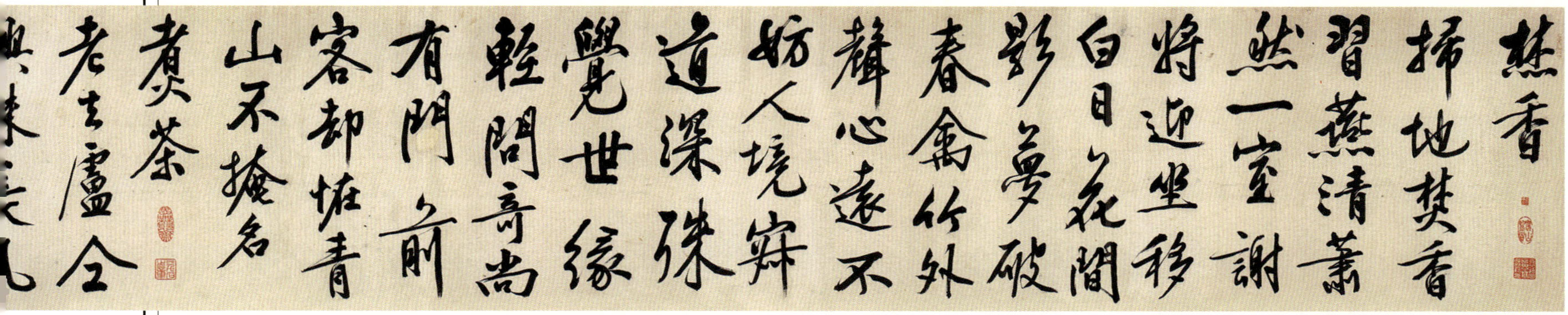

桐阴话秋图

清 · 梅清 / 绢本设色

纵 194.2 厘米 横 98.2 厘米

款识：壁立梧桐露气凉，秋风细细洒衣裳，移将高士萧疏意，点染烟光和墨光。瞿山梅清。

钤印：瞿硎清 渊公

1963 年入馆收藏

梅清（1623—1697），字渊公，号瞿山，安徽宣城人。生于明熹宗天启三年（1623），卒于清圣祖康熙三十六年（1697）。顺治十一年（1654）举人，考授内阁中书，与石涛交往友善，相互切磋画艺。石涛早期的山水，受到他的一定影响，而他晚年画黄山，又受石涛的影响。所以石涛与梅清，皆有“黄山派”巨子的誉称。

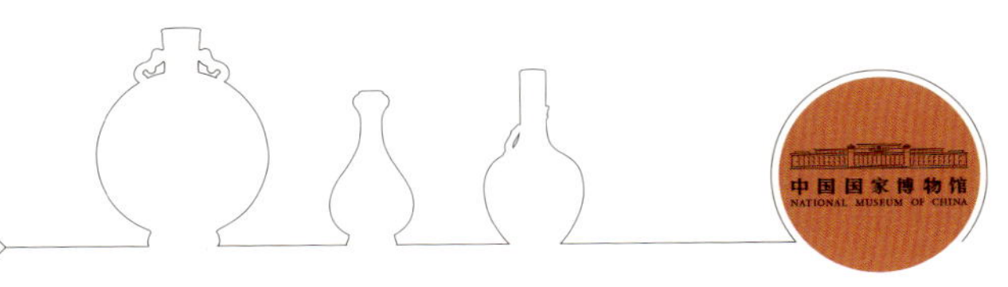

松树双鹿图

清 · 朱耷 / 纸本

纵 182 厘米 横 91.4 厘米

款识：庚辰，八大山人写。

钤印：八大山人 何园

1963 年入馆收藏

朱耷（1626—约 1705），明末清初画家。本名由桵，字雪个，号八大山人、个山 、驴屋等，江西南昌人。明亡后削发为僧，后改信道教，住南昌青云谱道院。擅书画，花鸟以水墨写意为主，形象夸张奇特，笔墨凝练沉稳，山水师法董其昌，笔致简洁，有静穆之趣，得疏旷之韵。擅书法，能诗文。

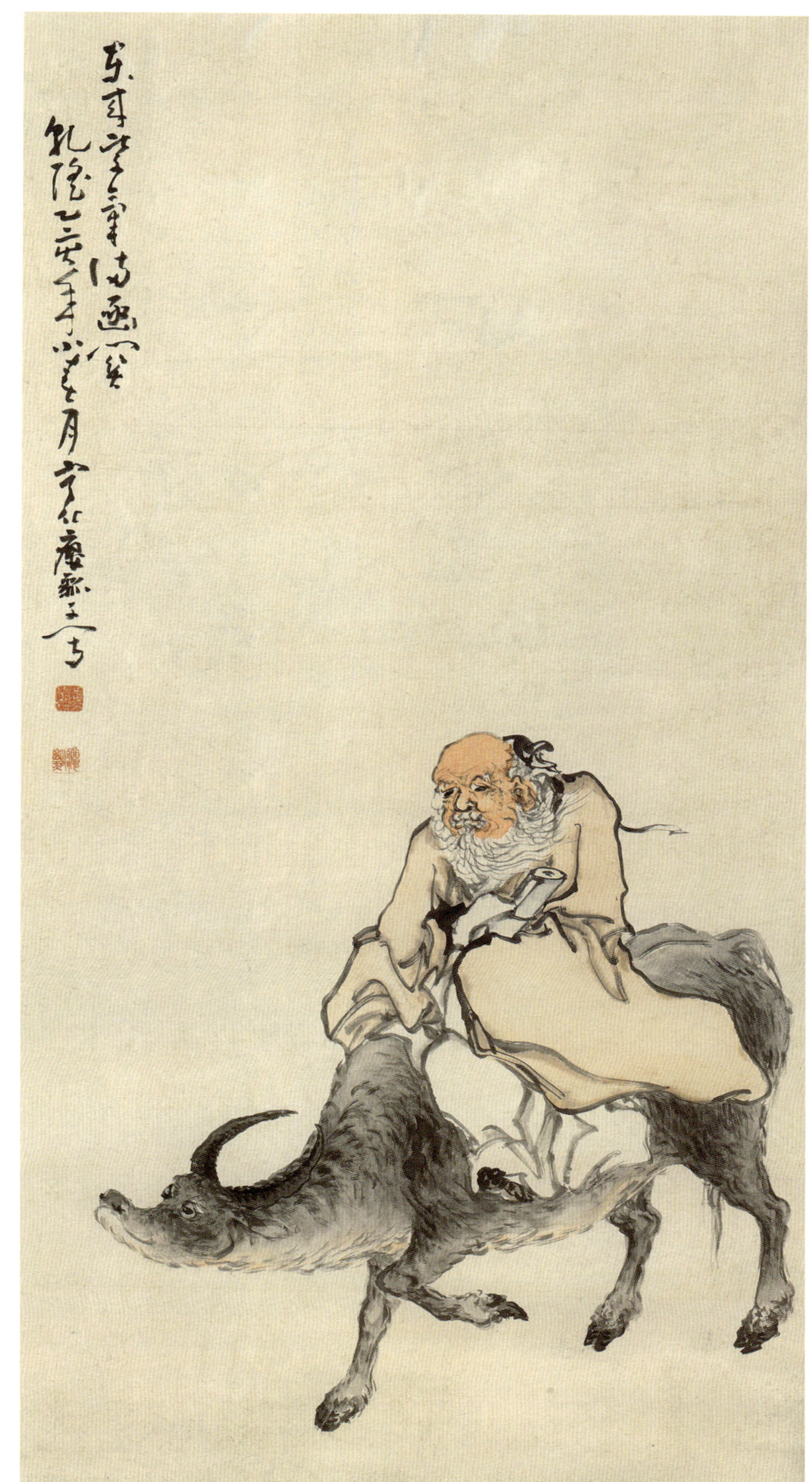

老子骑牛图

清 · 黄慎 / 纸本设色

纵 139.2 厘米 横 71.5 厘米

款识：乾隆乙亥年小春月，宁化瘿瓢子写。

钤印：黄慎 瘿瓢

黄慎（1687—1770），清代杰出书画家。初名盛，字恭寿、恭懋、躬懋、菊壮，号瘿瓢子，别号东海布衣。他的诗文、狂草书法、绘画被称三绝，“扬州八怪”之一。福建宁化人。

兰石图

民国·吴昌硕／纸本设色

纵 137 厘米 横 33.5 厘米

款识：吴昌硕画于沪。壬戌冬，年七十又九。

钤印：吴昌石 吴俊之印 老缶

1962 年入馆收藏

吴昌硕（1844—1927），原名俊，字昌硕，别号缶庐、苦铁、老缶、缶道人等等，浙江湖州人。诗、书、画、印四绝的晚清著名国画家、书法家、篆刻家，与任伯年、蒲华、虚谷合称为“清末海派四大家”。

上海博物馆

甲骨刻辞

21691.110

21691.111

21691.112

21691.113

21691.114

21691.115

21691.116

21691.117

21691.118

21691.119

21691.120

21691.121

21691.122

21691.123

21691.124

21691.125

21691.110

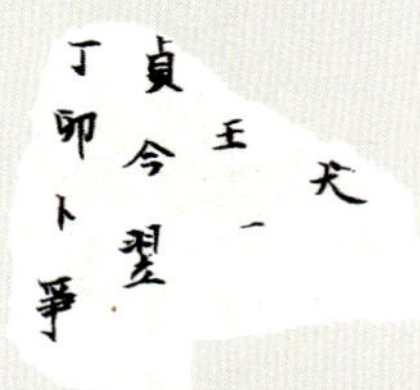

21691.111

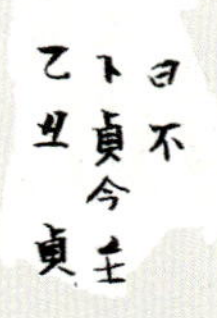

21691.112

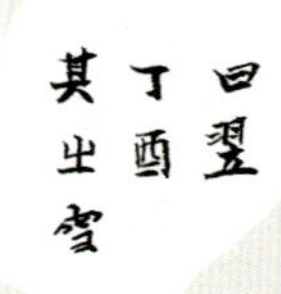

21691.113

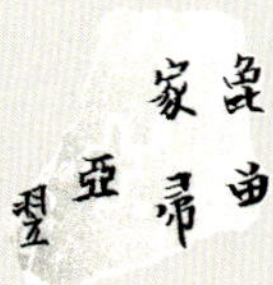

21691.114

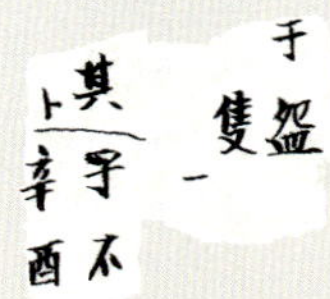

21691.115

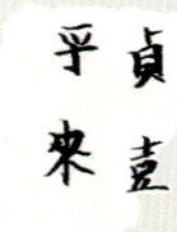

21691.116

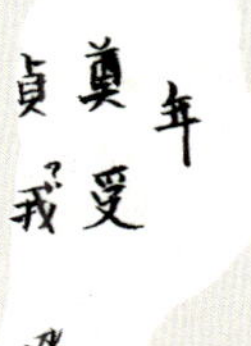

21691.117

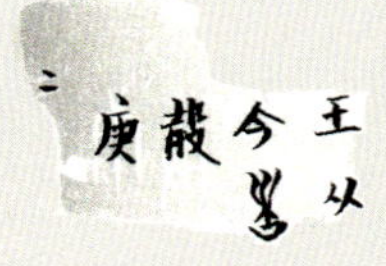

21691.118

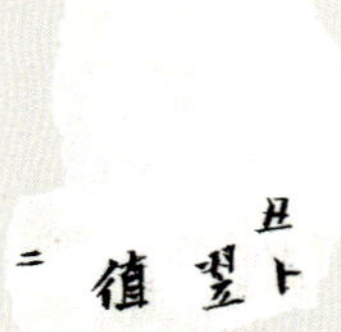

21691.119

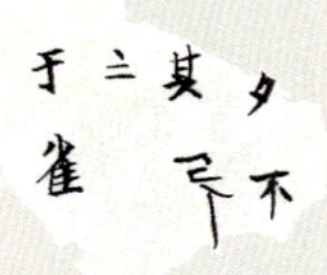

21691.120

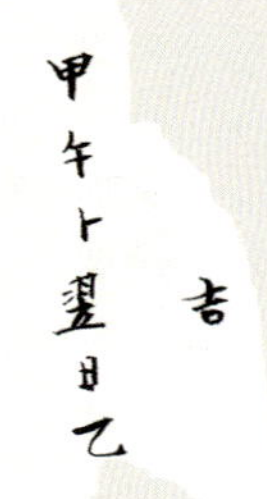

21691.121

21691.122

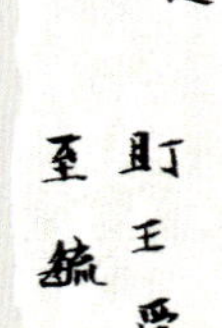

21691.123

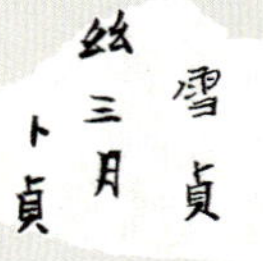

21691.124

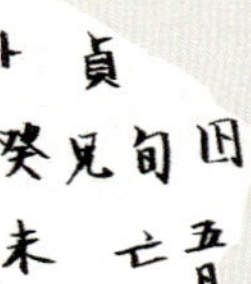

21691.125

透雕玉龙

汉

长 6.5 厘米 宽 5.5 厘米

白玉龙纹鲜卑头

南北朝

长 9.5 厘米 宽 6.5 厘米

铭文，一行为“庚午御府造白玉衮带鲜卑头其年十二月丙辰就用功七百”；另一行为“将臣范许奉车都尉臣程泾令奉车都尉关内侯臣张余”。

玉雕凤头勺

唐

长 13.9 厘米 宽 3.1 厘米

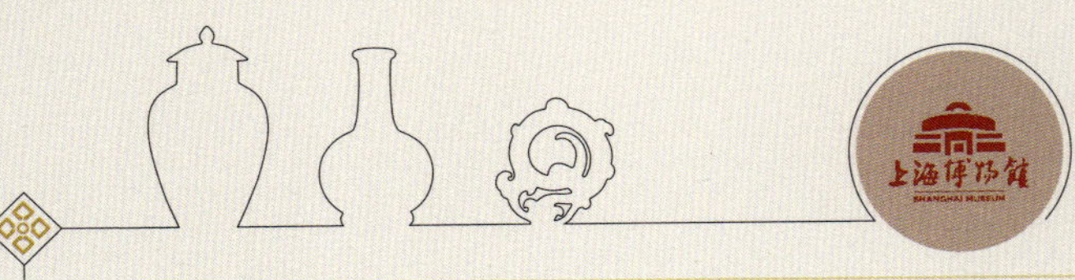

黑釉四系罐

东晋　德清窑

高 24.9 厘米

青瓷四系罐

唐　越窑

高 15.5 厘米

陶砚

宋
长 22.7 厘米 宽 15.1 厘米

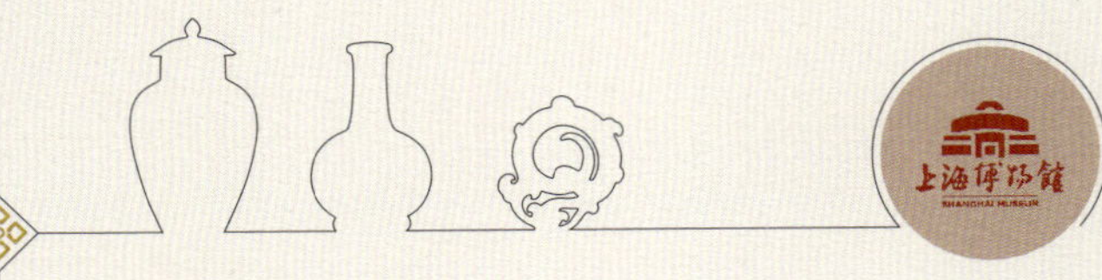

珐琅彩牡丹碗

清康熙

直径 14.7 厘米

款识：康熙御制（胭脂水料双方框四字款）

斗彩鱼藻纹盖罐

清康熙

高 22.1 厘米

天蓝釉弦纹瓶

清雍正

高 18.8 厘米

抹红地撇口浅碗

清雍正

直径 12 厘米

仿官窑盖杯

清雍正

高 13.1 厘米

天蓝釉花觚

清乾隆

高 16.9 厘米

青花釉里红折枝花瓶

清乾隆

高 19 厘米

叕古方尊

西周早期

高 21.8 厘米

刻铭：叕古作旅

半两钱范

汉

长 10.3 厘米

新兴辟雄规矩铜镜

西汉

直径 13.5 厘米

吾作神人神兽画像铜镜

东汉

直径 17.7 厘米

车马画像铜镜

东汉

直径 19.5 厘米

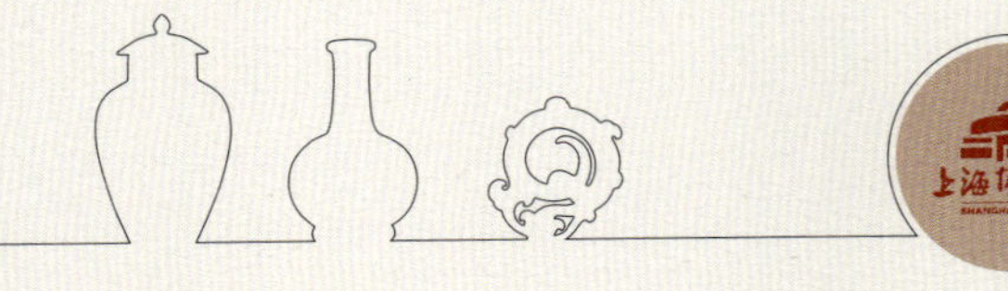

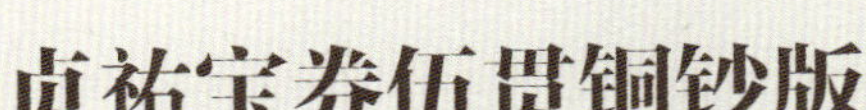

贞祐宝券伍贯铜钞版

宋·金

纵 34.9 厘米 横 21.7 厘米

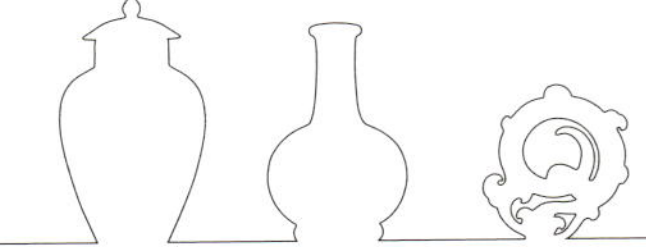

柳桥赏春图

明 · 唐寅 / 绢本设色

纵 137 厘米 横 67 厘米

款识：平堤新柳板桥斜，路绕东西卖酒家。拼却树头钱一串，时时来醉碧桃花。唐寅

钤印：唐寅 南京解元

平堤新柳板橋
斜路繞東西賣
酒家拚卸杖頭
錢一串時時來醉碧
桃花唐寅

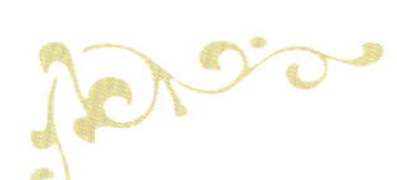

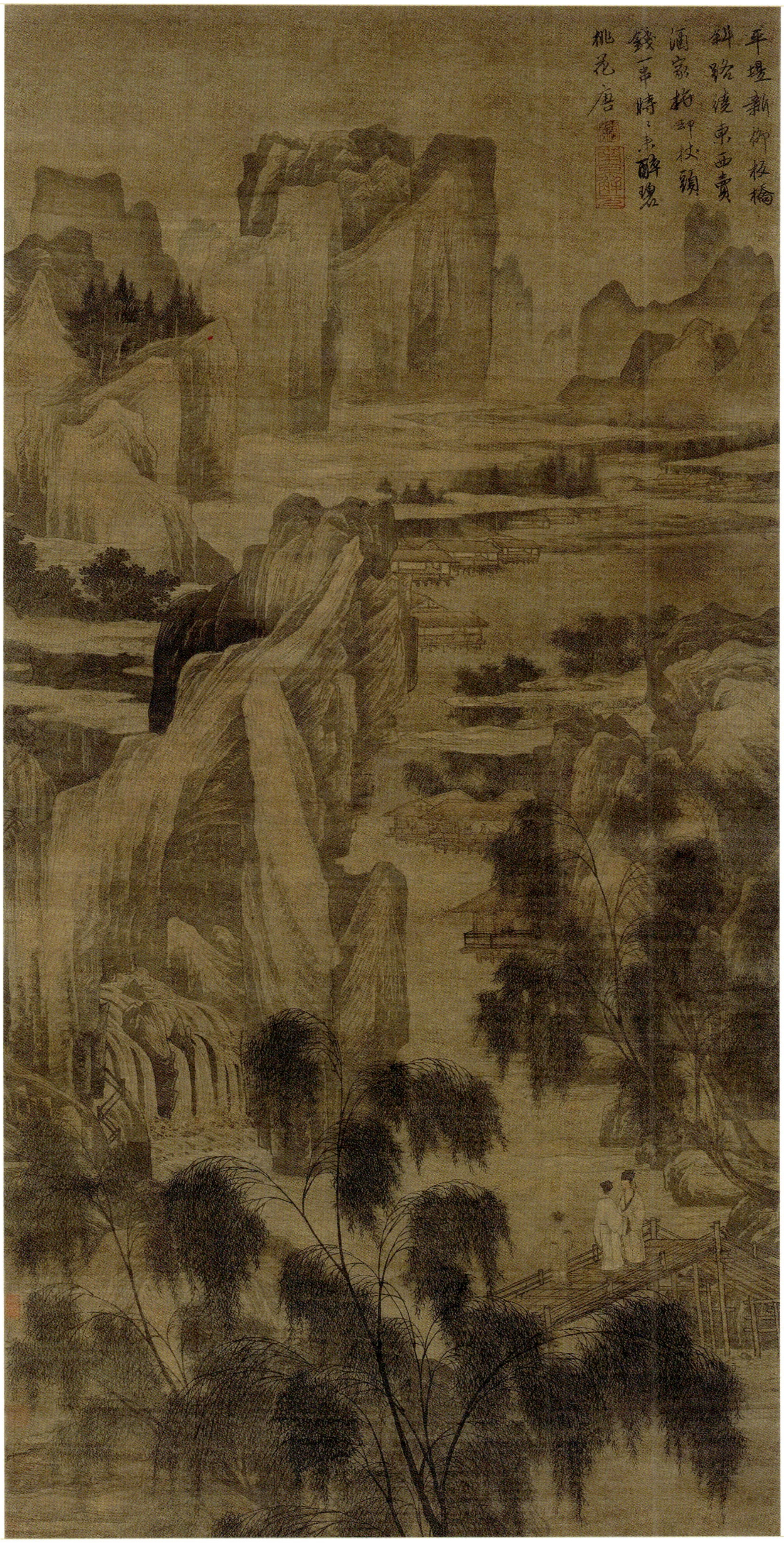

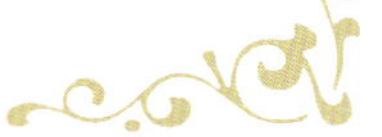

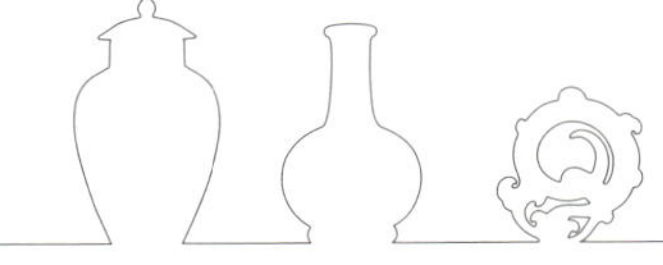

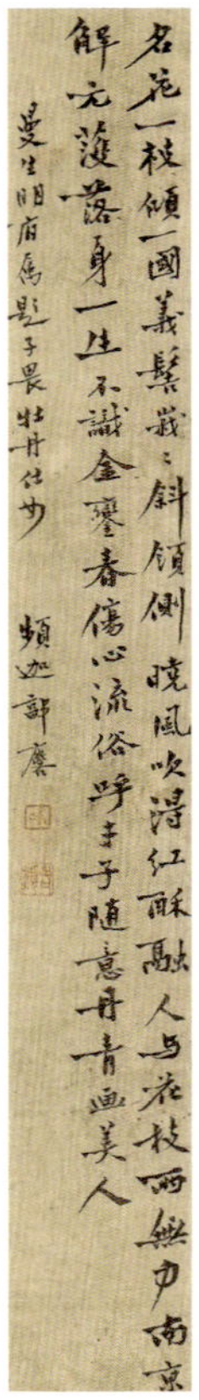

牡丹仕女图

明 · 唐寅 / 纸本设色

纵 125.9 厘米 横 57.8 厘米

款识：唐寅

钤印：南京解元 六如居士 等

竹石牡丹图

明 · 徐渭 / 纸本

纵 138.7 厘米 横 37.1 厘米

款识：大环

钤印：徐渭私印 袖里青蛇 漱仙

溪山深秀图

清 · 王鉴 / 绢本

纵 119.2 厘米 横 49.8 厘米

款识：溪山深秀戊寅正月仿北苑笔意呈彦翁叔父教政小侄鉴

钤印：弇山堂湘碧 臣鉴印

1638 年作

王鉴（1598 — 1677），明末清初画家，“四王”之一。字元照，一字圆照，号湘碧，又号香庵主，江南太仓人。王鉴是清初正统派的领袖之一，与王时敏、王翚、王原祁合称清初“四王”。

尚友图

明 · 项圣谟 张琦合作 / 纸本设色

纵 38.1 厘米 横 25.5 厘米

款识：壬辰八月十八日，项子自题像则张琦所写余亦孔彰自画灯下书此。

程十发题跋：董思翁、陈麇公、李竹嬾、项胥樵鲁竹史、舷公和尚集影。张琦写真，项圣谟补图并跋。辛丑小春，十发题。钤印：程十发鉴古、程十发藏历代肖像画

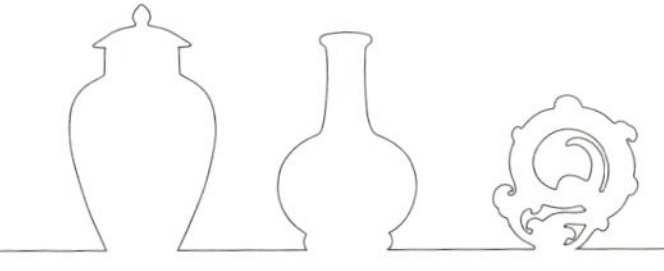

山水、花卉、蔬果册

清 · 虚谷 / 纸本设色（十二开）

纵 30.6 厘米 横 43.1 厘米

钤印：虚谷 书画癖 虚谷书画 三十七峰草堂等

村童闹学图

清 · 华岩 / 纸本设色

款识：己巳秋八月，新罗山人写。

钤印：华岩

华岩（1682—1756），字德嵩，更字秋岳，号新罗山人、东园生、布衣生、白沙道人等，老年自喻“飘篷者”，福建上杭人，后寓杭州。工画人物、山水、花鸟、草虫，善书，能诗，为清代杰出绘画大家，扬州画派的代表人物之一。

白猫芙蓉图

清 · 任颐 / 纸本设色

纵 134.2 厘米 横 47.8 厘米

款识：琅圃仁三兄大人教。壬午九月上皖，山阴弟任颐伯年甫。

钤印：颐印 任伯年

任颐 (1840—1896)，名颐，字伯年，浙江山阴航坞山（今浙江萧山瓜沥镇）人，清末画家。

灵隐大川济禅师塔铭卷

元 · 赵孟頫 / 纸本

纵 34.4 厘米 横 408.9 厘米

款识：集贤直学士朝列大夫行江浙等处。儒学乙举赵孟頫书并篆刻。

钤印：赵氏子昂

赵孟頫（1254—1322），字子昂，号松雪，松雪道人，湖州（今浙江吴兴）人。宋太祖赵匡胤十一世孙，秦王德芳之后。

靈隱大川濟禪師塔銘
住持景德靈隱禪寺法姪通慧大
師祖闇譔
集賢直學士朝列大夫行江浙等處
儒學提舉趙孟頫書并篆額
佛滅後五百年騰蘭始以經來東土而
得聞其言又後五百餘年達磨以不立
文字來西得傳其心傳之三百餘年而
派列五宗又三百餘年東山三佛以法大
慧應菴角立子孫布滿東南由是臨
際一宗特盛際以真正見解貫攝佛祖
理性得即生死不滯去住自由是能盡
空五蘊六識十八界神妙獨立不與物
俱三際不住覺觀湛然猶鏡之明也後
或六入膠固於一塵瞥起之際迷妄不
息於循環生死之中不能遣境會心去
垢取淨則為習氣生死幻蘊所累是
為悟即成聖迷即成邪者也惟明眼
宗師證其悟破其迷以禪那奢摩他
為體以三摩鉢提為用導之舍惡趨
善離澆歸真密裨治道多矣故今古
佛心天子所以尚詎可域之空無哉前
靈隱大川禪師諱普濟生四明奉化
六詔張氏父友崇母俞氏有善操居常
飯水雲施芑履每願得子業儒又欲
得子從釋庶善可及族果獲三子師
其季也少沈厚寡辭稚中獨罕言咲
東縣浮沈鄉校間然無處俗意見佛
書則端坐捺鐸忘疲怙恃見曰吾三子
一出家固所願也年十九依香林院文憲
師得度俾習毗奈耶於郡之湖心究
阿笈摩於天台一日惜然曰縛律滯
教何能超生死乎舍之入禪小菴瑞巖
荊屋席下隨見無用於天童趣眾外
不出僧堂靜定中心花發明出語無
滯無用金中舉有句無句如藤倚樹
師云斬釘截鐵又云瀉山呵呵大笑濟
師云寸釘入木用塗器之强之給侍師
讓不就乃如鄮峯時佛照住東菴
一見屬注桑越之能仁渊翁翁問何處
人曰奉化曾識德布衲否師提起坐具
翁蘖便打師當下豁然應聲云今日
觸忤和尚遂依之久而徧登松源肯
堂癡鈍息菴空叟諸老之門龍象
蹴踏霧威周旋注返款密漱揚又絶
語云出林虎方怒橫出蹊正嗔世無
塗路窟終是不傷人其常機妙轉
殊不容觸臨事定見山猶可拔以身
徇道而世相逆順舉難回撓其為己
為人皆推此行之其提唱的切道緊
如盤家之杯飲者必死如良醫之劑
脈者必活諸方尊諾寧属其徒曰岳林
濟長老識吾舌頭落處吾語可令
枝之今行于世師每斥己長以增常住
輕於擲礫撤舊增新靡不合宜住
山半世冰蘖一節丈室蕭然如傳舍
視給侍猶路人公後外私不一周其會
語臨終舉以畀火令所行乃取衲子
傳誦會粹以垂後學銘曰
道之大原出乎鴻濛之先自始及今
兮心心相傳爰有妙理曰釋之禪禪之
妙悟兮至要極玄學之精到兮超軼
入天師之法幢高樹兮後先以遞體
用得當兮理事雙全提唱的切兮龍
象駢闐輪奐美盡兮金碧爭妍千
金一礫兮衣盂翛然千載一遇兮國
恩優焉師之面目兮冰雪斯嚴師
之脊梁兮鐵石斯堅色身電泡兮
七十五載年火羅掃空兮撤之重淵
已而設利五色兮珠玉相鮮水埜不
果兮峙牢堵于鷲峯之阡瀅乃
法源兮流潤無邊千古萬古兮悠悠
大川
當寺耆舊鄉比丘淳備同
天禄福壽院住持妙遒立石
四明茅歸祖鐫

集之生也晚又最後來錢
唐弗獲識前代叢林諸
尊宿為之慨歎及觀
子昂學士所書靈隱大
川禪師塔銘儼然東南
法社流風餘韻猶未泯
也歡喜無量遂為之識

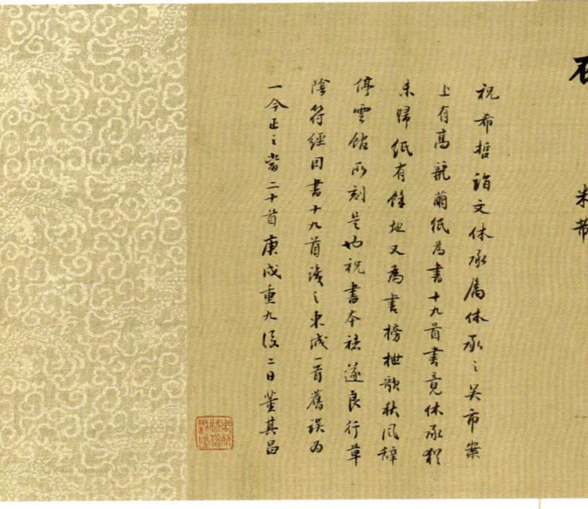

各体法书古诗十九首卷

明 · 董其昌 / 纸本

纵 29.3 厘米 横 600 厘米

款识：庚戌重九后二日董其昌

题跋：周亮工

《古诗十九首》依次为：《行行重行行》《青青河畔草》《青青陵上柏》《今日良宴会》《西北有高楼》《涉江采芙蓉》《明月皎夜光》《冉冉孤生竹》《庭中有奇树》《迢迢牵牛星》《回车驾言迈》《东城高且长》《驱车上东门》《去者日以疏》《生年不满百》《凛凛岁云暮》《孟冬寒气至》《客从远方来》《明月何皎皎》。

董其昌（1555—1636），字玄宰，号思白、香光居士。汉族，松江华亭（今上海闵行区马桥）人，明代书画家。万历十七年（1589）进士，授翰林院编修，官至南京礼部尚书。

行行重行行與君生別離相去萬餘里各在天一涯道路阻且長會面安可知胡馬依北風越鳥巢南枝相去日已遠衣帶日已緩浮雲蔽白日遊子不顧返思君令人老歲月忽已晚棄捐勿復道努力加餐飯 皇象

青青河畔草鬱鬱園中柳盈盈樓上女皎皎當窗牖娥娥紅粉粧纖纖出素手昔爲倡家女今爲蕩子婦蕩子行不歸空床難獨守 鍾繇宣示帖

青青陵上柏磊磊澗中石人生天地間忽如遠行客斗酒相娛樂聊厚不爲薄驅車策駑馬遊戲宛與洛洛中何鬱鬱冠帶自相索長衢羅夾巷王侯多第宅兩宮遙相望雙闕百餘尺極宴娛心意戚戚何所迫 右軍稧帖

今日良宴會歡樂難具陳彈箏奮逸響新聲妙入神令德唱高言識曲聽其真齊心同所願

思君令人老軒車來何遲傷彼蕙蘭花含英揚光輝過時而不采將隨秋草萎君亮執高節賤妾亦何爲 虞世南汝南帖

庭中有奇樹綠葉發華滋攀條折其榮將以遺所思馨香盈懷袖路遠莫致之此物何足貴但感別經時 虞世南夫子廟堂碑

迢迢牽牛星皎皎河漢女纖纖擢素手札札弄機杼終日不成章泣涕零如雨河漢清且淺相去復幾許盈盈一水間脈脈不得語 褚遂良哀册

迴車駕言邁悠悠涉長道四顧何茫茫東風搖百草所遇無故物焉得不速老盛衰各有時立身苦不早人生非金石豈能長壽考奄忽隨物化榮名以爲寶 薛稷香寘碑

東城高且長逶迤自相屬迴風動地起秋草萋已綠四時更變化歲暮一何速晨風懷苦心蟋蟀傷局促蕩滌放情志何爲自結束 李北海

燕趙多佳人美者顏如玉被服羅裳衣當戶理

涼風率已厲遊子寒無衣錦衾遺洛浦同袍與我違獨宿累長夜夢想見容輝良人惟古歡枉駕惠前綏願得常巧笑攜手同車歸既來不須臾又不處重闈亮無晨風翼焉能凌風飛眄睞以適意引領遙相睎徙倚懷感傷垂涕霑雙扉 柳公權蘭亭詩

孟冬寒氣至北風何慘慄愁多知夜長仰觀眾星列三五明月滿四五蟾兔缺客從遠方來遺我一書札上言長相思下言久離別置書懷袖中三歲字不滅一心抱區區懼君不識察 蘇子瞻

客從遠方來遺我一端綺相去萬餘里故人心尚爾文綵雙鴛鴦裁爲合歡被著以長相思緣以結不解以膠投漆中誰能別離此 黃魯直

明月何皎皎照我羅床幃憂愁不能寐攬衣起徘徊客行雖云樂

光緒癸卯七月望日獲觀
康軒老人于咸宇中環[illegible]
端方記

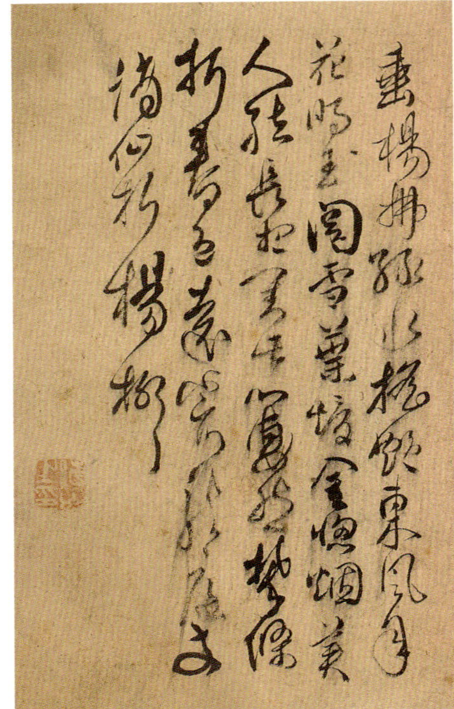
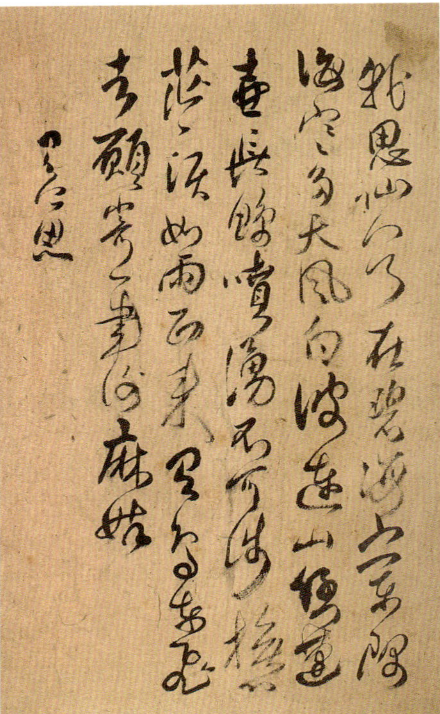

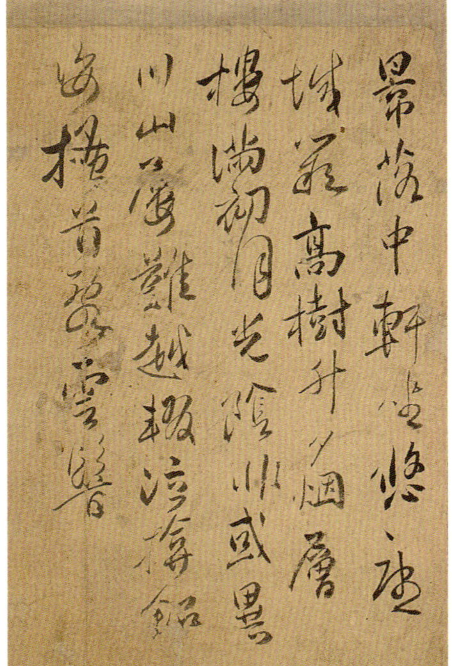

各体法书册

清·傅山/纸本（八开）

钤印：傅山之印

傅山（1607—1684），字青竹，后改青主，别号颇多，诸如公它、公之它、朱衣道人、石道人、啬庐、侨黄、侨松等等，不一而足。太原阳曲（今太原北郊）西村人。

傅山出身于书法世家，少年时便由钟繇小楷入门，后从颜真卿大楷出道。行书学“二王”，草书追摹张旭、怀素，篆、隶学秦汉。他在书法上成就最高的是行草书。

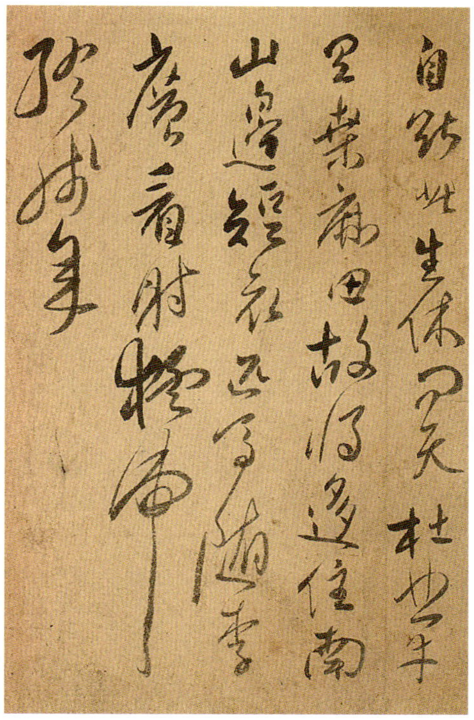

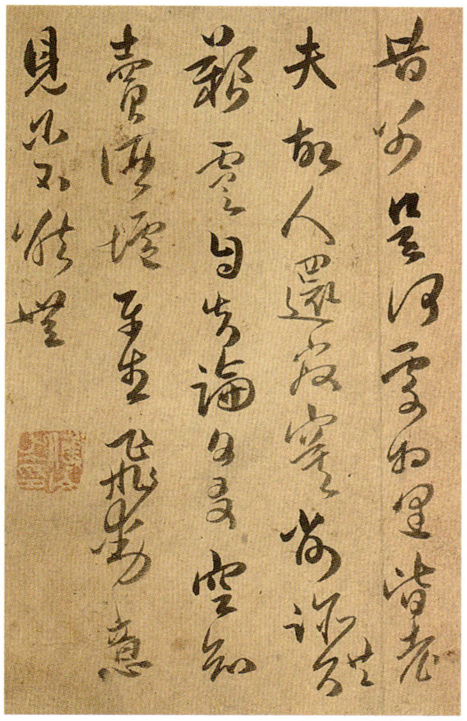

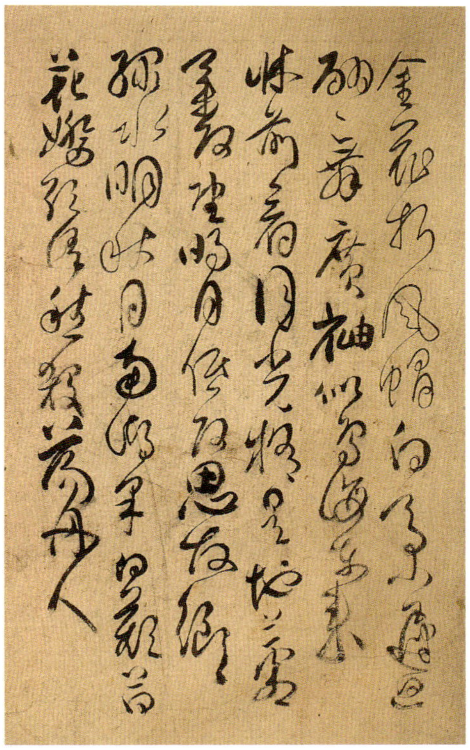

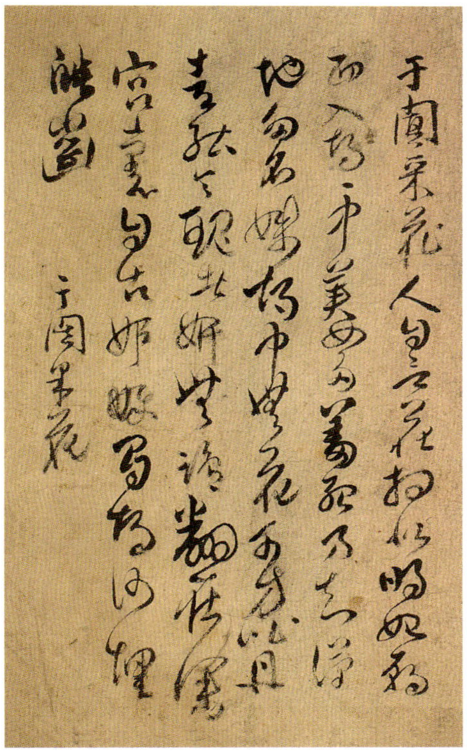

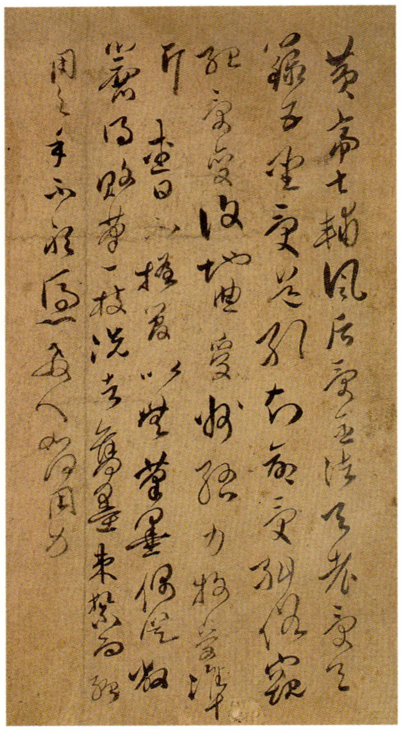

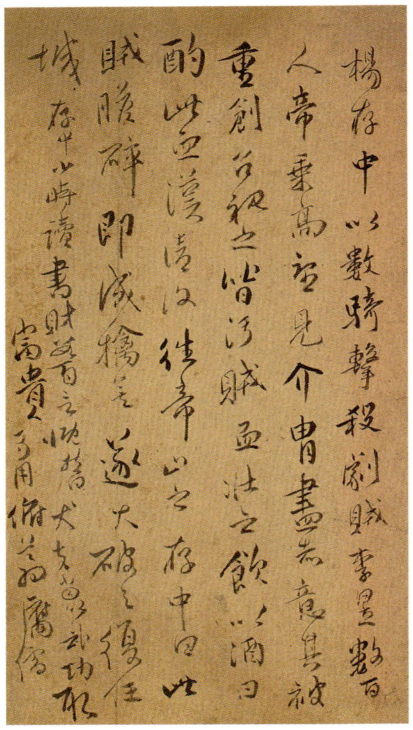

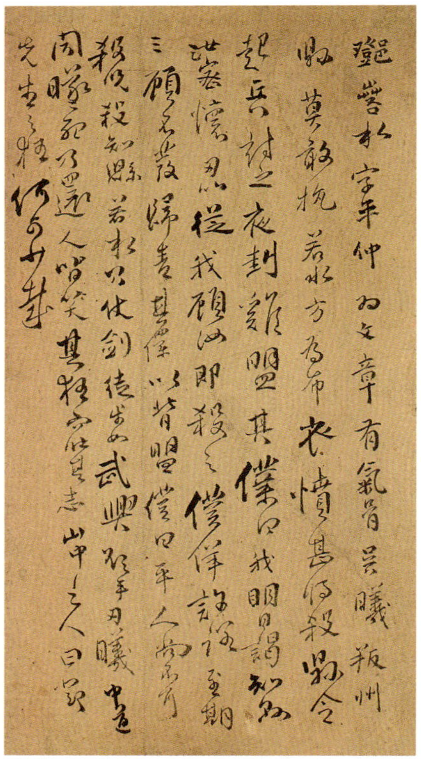

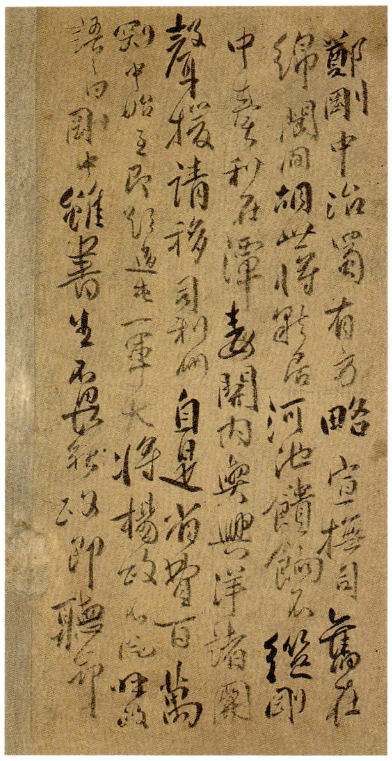

金文清前後北征錄如許事如許山川
如許雄武皇帝經歷却寥寥不甚動觀
不知王霸游巡無論文武舉動亦嚴道
元才不須一二人從之休道文章無甚關
係也

曩見先生肖像作羽士裝神采奕奕類
神僊中人宜其下筆超妙脩然於
塵壒之表也
涓生太守出此冊見示欣幸志之
曼生葛褱武敬觀

先衣道人雜書真迹 壬寅中秋十八日自
天目山歸途題

辽宁省博物馆

陶罍

商

高 13.2 厘米

1963 年入馆收藏

蒜头口长颈铜瓶

汉

高 40.5 厘米

1963 年入馆收藏

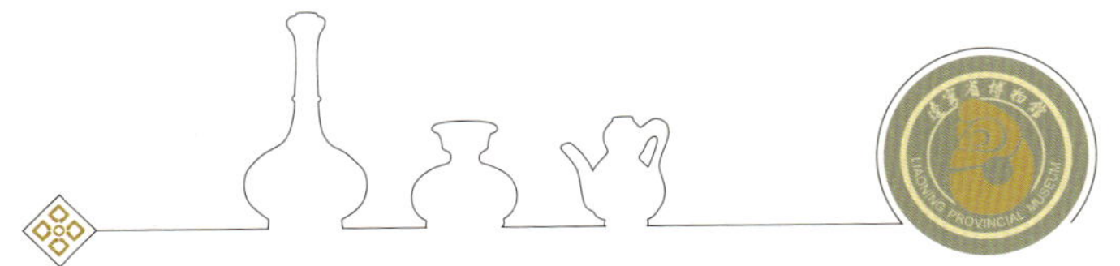

石雕佛头

唐

高 22 厘米

1963 年入馆收藏

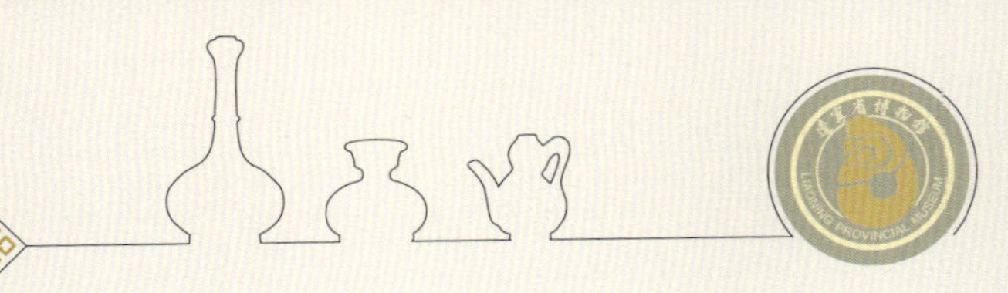

三彩小罐

唐

高 8 厘米

1961 年入馆收藏

乳白釉执壶

唐

高 17 厘米

1961 年入馆收藏

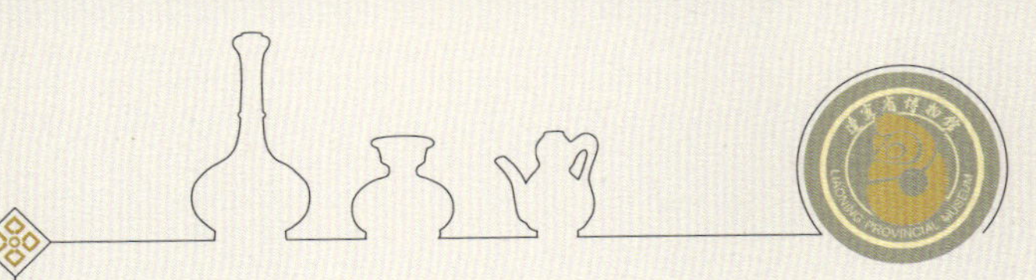

茶碟

唐　邛窑
直径 11.8 厘米

1961 年入馆收藏

茶臼

唐　邛窑
直径 13.2 厘米

1961 年入馆收藏

白釉水呈

唐

高 6 厘米

1961 年入馆收藏

白釉小壶

唐

高 11 厘米

1961 年入馆收藏

白釉黑花碗

宋

高 8.5 厘米 直 径 11.2 厘米

1961 年入馆收藏

影青釉褐红彩八花小瓶

宋

高 12.5 厘米 口径 5.5 厘米

1961 年入馆收藏

划花小盒

宋　越窑

直径 9 厘米

1961 年入馆收藏

影青暗花盘（二件）

宋

直径 17.1 厘米

1961 年入馆收藏

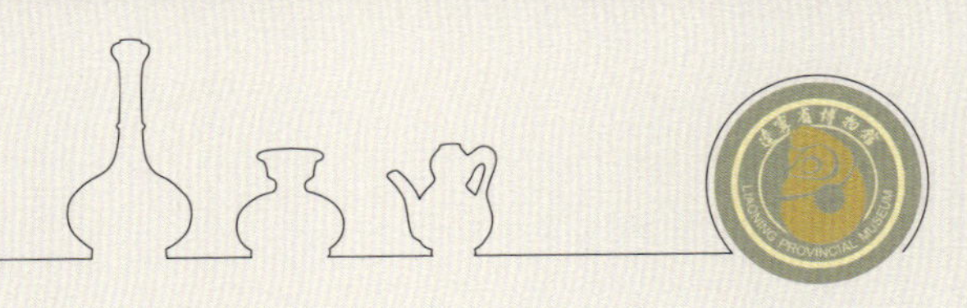

影青釉梅瓶（二件）

宋

高 31.8 厘米

1961 年入馆收藏

黑釉窑变碗

金

直径 15.8 厘米

1961 年入馆收藏

覆莲灯台

金　定窑

高 20 厘米

1961 年入馆收藏

高足碗

元　龙泉窑

高 8.5 厘米

1961 年入馆收藏

双耳瓶

元　龙泉窑

高 16.3 厘米

1961 年入馆收藏

窑变盘

元　钧窑
直径 16.2 厘米

1961 年入馆收藏

窑变小壶

元　钧窑
高 11.8 厘米

1961 年入馆收藏

月白釉钫

明　石湾窑

高 16.3 厘米

1961 年入馆收藏

白釉净水碗

明　德化窑

高 14.5 厘米

1961 年入馆收藏

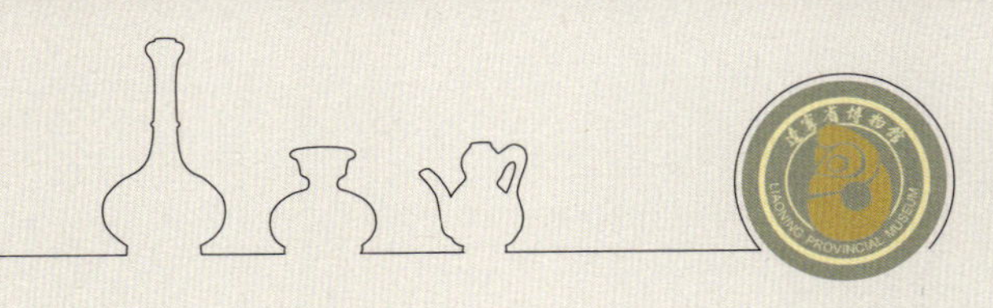

白釉炉

明　德化窑
高 7.8 厘米

1961 年入馆收藏

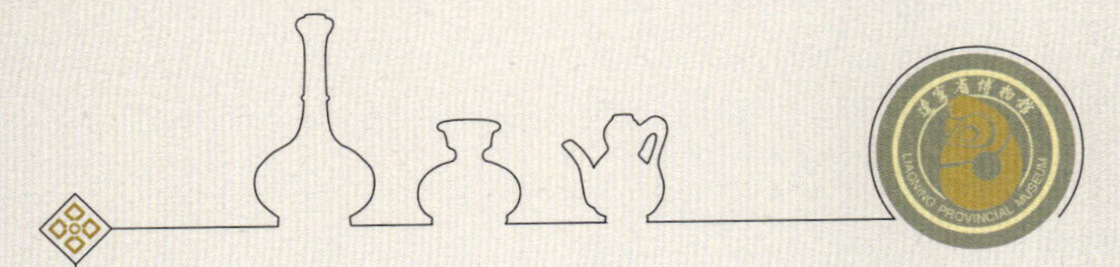

绿釉双耳瓶（二件）

明　龙泉窑

高 18.7 厘米

1961 年入馆收藏

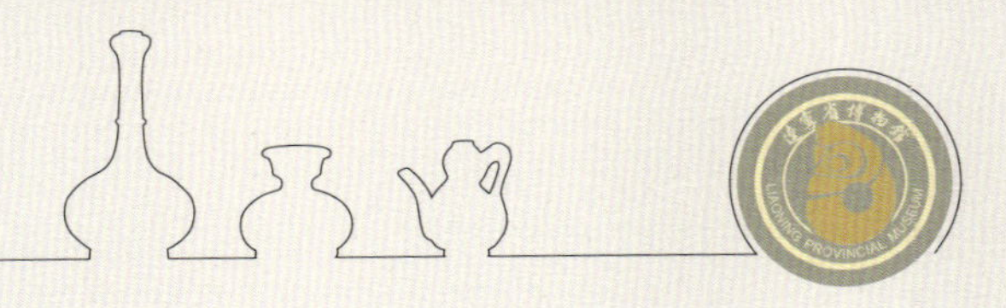

酱釉鹿瓶蜡台（二件）

明

高 18.2 厘米

1961 年入馆收藏

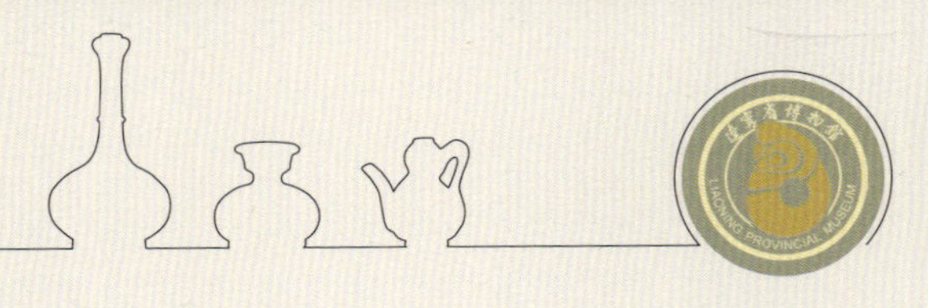

五彩鱼荷格碟

明万历

直径 20.5 厘米

款识：大明万历年制

1961 年入馆收藏

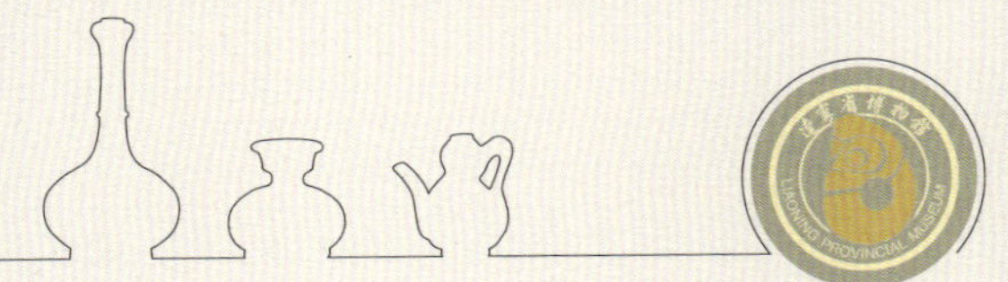

木雕罗汉像

明

高 102 厘米

1961 年入馆收藏

木雕罗汉像

明

高 101 厘米

1961 年入馆收藏

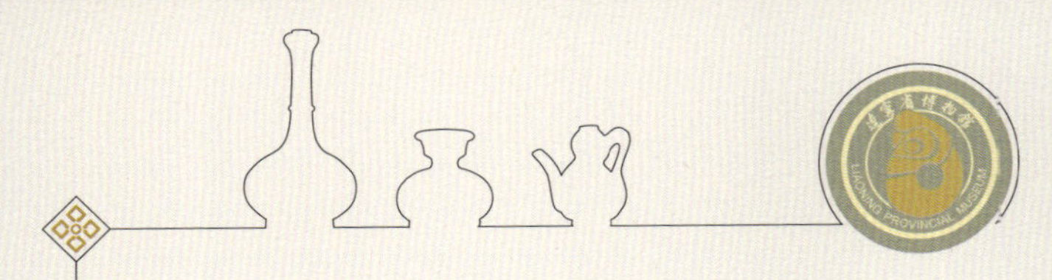

嵌梅花天竹紫檀盒

清

高 7.5 厘米 宽 10.5 厘米

1961 年入馆收藏

嵌游春图螺钿帽盒

清

高 29.3 厘米 直径 35.8 厘米

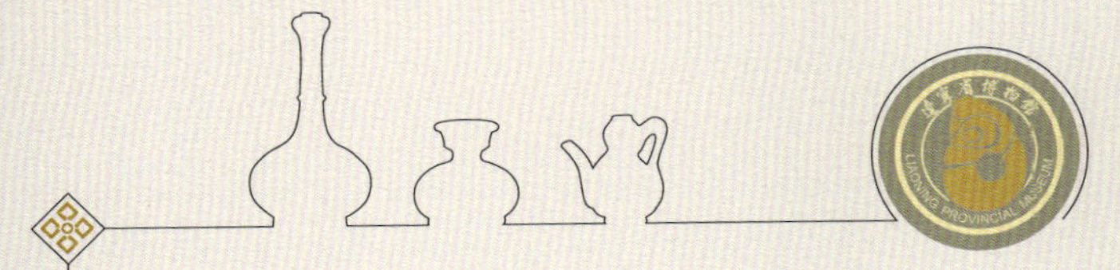

延年益寿连弧纹铜镜

西汉

直径 18.2 厘米

1961 年入馆收藏

尚方十二辰禽兽规矩铜镜

西汉

直径 20.4 厘米

1961 年入馆收藏

车马神仙人物铜镜

东汉

直径 19.5 厘米

1961 年入馆收藏

鲜卑率善佰长铜印

西晋

高 2.8 厘米 长 2.3 厘米 宽 2.2 厘米

1963 年入馆收藏

海兽葡萄铜镜

唐

直径 12.5 厘米

1961 年入馆收藏

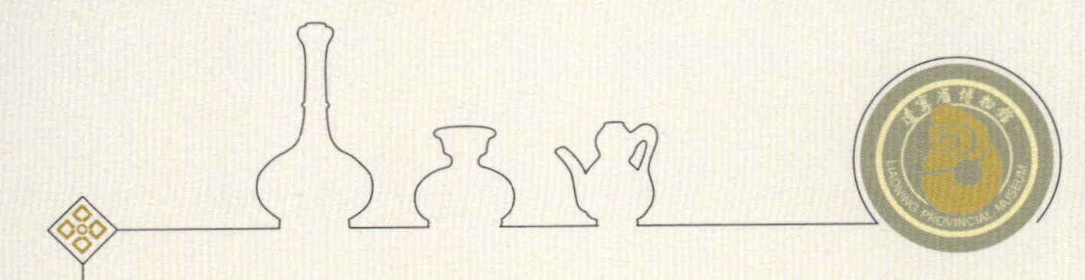

仙山并照四兽铜镜

唐

直径 19.6 厘米

铭文：仙山并照，智水齐名，花朝艳采，月夜流明，龙盘五瑞，鸾舞双情，传闻仁寿，始验销兵

1961 年入馆收藏

山水楼阁人物铜镜

宋

直径 18.2 厘米

1963 年入馆收藏

浮雕龙凤纹铜瓶

清

高 14.3 厘米

款识：大清乾隆年造

1963 年入馆收藏

蟠螭龙凤两连铜瓶

清

高 16.4 厘米

款识：乾隆 年制

1963 年入馆收藏

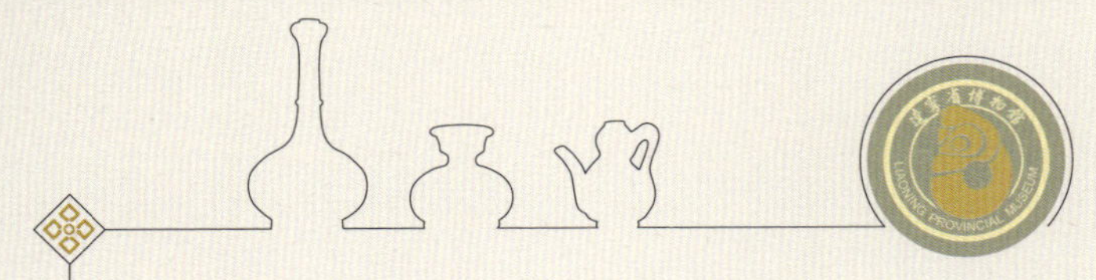

双耳铜壶

清

高 16 厘米

款识：大明宣德年制

1963 年入馆收藏

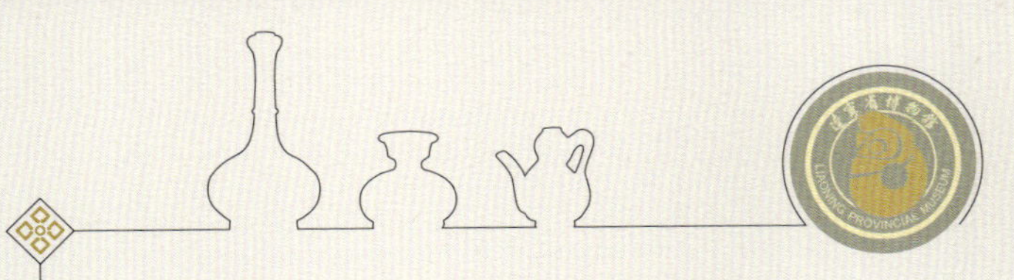

簋式铜炉

清

高 8.8 厘米

款识：宣德年制

1963 年入馆收藏

龙凤纹簋式铜炉

清

高 9.4 厘米

款识：云间朱震明制

1963 年入馆收藏

青松偕老图

明 · 朱厚照 / 纸本设色

纵 106 厘米 横 57 厘米

款识：正德年制

钤印：广运之宝 怡亲王宝

收藏印：曾经山阴张致和补萝庵藏 张允中藏

1962 年入馆收藏

张允中 (1881—1960)，浙江山阴（绍兴）人，名致和，号补萝庵主。

正德年製

写意花鸟卷

明 · 季如泰 / 纸本设色

纵 32.1 厘米 横 895 厘米

款识：天启乙丑岁冬月寓广陵写于城东暎茗轩竣笔时迺丙寅之上巳日桥李季如泰。

钤印：季如泰印

1962 年入馆收藏

季如泰，字大来，盐官（今浙江海宁）人，徙居嘉兴。画山水、人物最工细，兼善花鸟。

淇澳图

明·戴明说/绫本

纵 187 厘米 横 52 厘米

款识：畿沧戴明说识

钤印：戴明说 道默

1962 年入馆收藏

戴明说（1609—1686），河北沧州人，字道默，号岩荦，道号定园，晚年自号铁帚，行一。崇祯甲戌（1634）科进士。户部尚书。

花蝶扇面

明 · 王锡绶 / 金笺设色

纵 16.5 厘米 横 47.3 厘米

款识：崇祯甲戌夏写。王锡绶。

钤印：锡 绶

1964 年入馆收藏

王锡绶，号养虚，江苏常熟人。工山水、人物，笔意粗拙，别有意致。

柳岸垂钓图

明 · 关思 / 纸本设色

纵 153.4 厘米 横 58.2 厘米

款识：崇祯三年仲春日，关思。

1963 年入馆收藏

关思，生卒年不详，字何思，号虚白。乌程（今江浙吴兴）人。万历（1573—1620）年间名重海内，与宋旭齐名。他的山水画远宗关仝、荆浩，近法黄公望和王蒙，而且能够自出新意，作品的风格特色也是多种多样。其早年的山水画山峦重叠，水口交错，蹊径纵横，尤其善于模仿唐宋画家的笔意。晚年风格一变，笔墨简约，山石以简笔勾勒，略加皴染，人物高古飘逸，树木房舍朴实雅致，别具特色，与早期作品相比更具平和清淡的韵味。

南山积翠图

清 · 王时敏 / 绢本设色

纵 147.1 厘米 横 66.6 厘米

款识：壬子长夏写南山积翠图，奉祝蓉翁太老亲台七帙大寿并祈粲正。弟王时敏时年八十有一。

钤印：王时敏 西庐老人 真寄 甘当小学生 等

1963 年入馆收藏

王时敏（1592—1680），初名赞虞，字逊之，号烟客，晚号西庐老人，南直隶太仓县（今江苏太仓市）人，明末清初重要画家，“四王”之一。

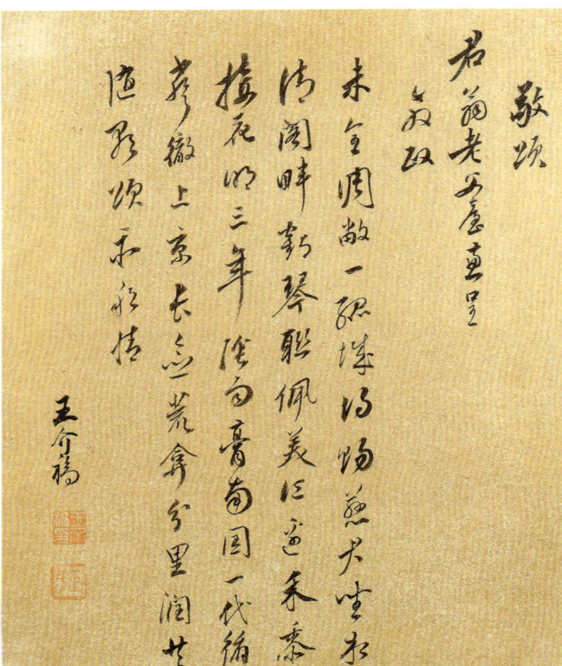

山水册

清 · 李泰颐 / 绢本

纵 34 厘米 横 27 厘米

款识：庚寅夏日画似君翁老父母正。李泰颐。

钤印：李泰颐

书法：王介福

1963 年入馆收藏

李泰颐，生卒年不详。此图为水墨山水。图中画一老者桥上垂钓。画面肃穆，构图饱满。

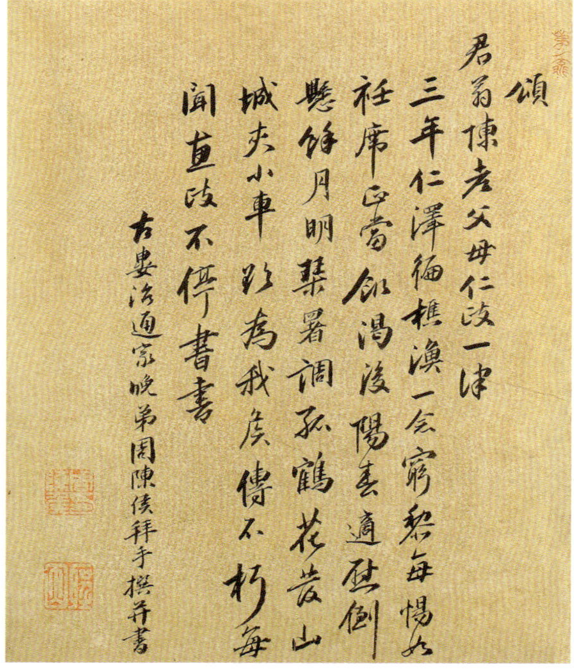

山水册

清 · 王时敏 / 绢本

纵 34 厘米 横 27 厘米

款识：庚寅冬日画似君翁老父台教正。王时敏。

钤印：王时敏

书法：周陈侯

1963 年入馆收藏

王时敏 (1592—1680), 初名赞虞，字逊之，号烟客，晚号西庐老人，南直隶太仓县（今江苏太仓市）人，明末清初重要画家，"四王"之一。

山水册

清 · 陆岱毓 / 绢本

纵 34 厘米 横 27 厘米

款识：庚寅秋日写似玉翁陈老父台。陆岱毓。

钤印：陆岱毓等

书法：王鉴

1963 年入馆收藏

陆岱毓，生卒年不详。本图所画水墨山水具有清初文人画风格，构图简洁清秀，意境深远。

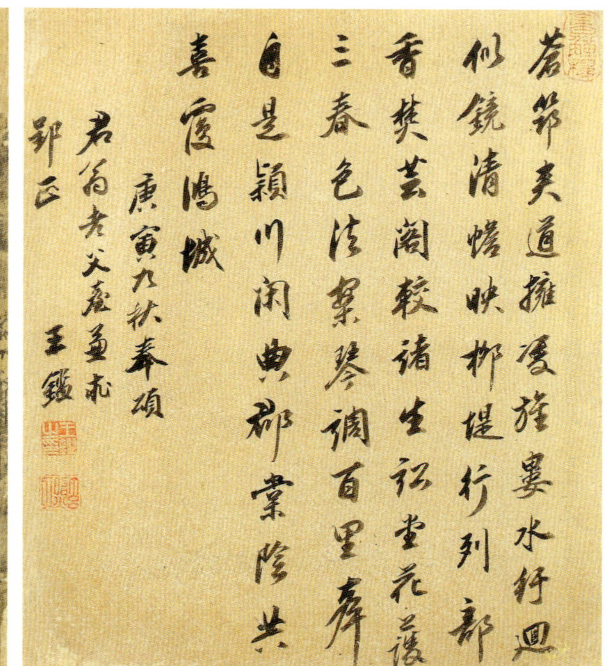

山水册

清 · 徐必默 / 绢本

纵 34 厘米 横 27 厘米

款识：庚寅秋日奉祝玉翁老师台。治门生徐必默。

钤印：徐必默等

书法：张达孝

1963 年入馆收藏

徐必默，生卒年不详。画没骨水墨山水，颇有米家山水韵味。

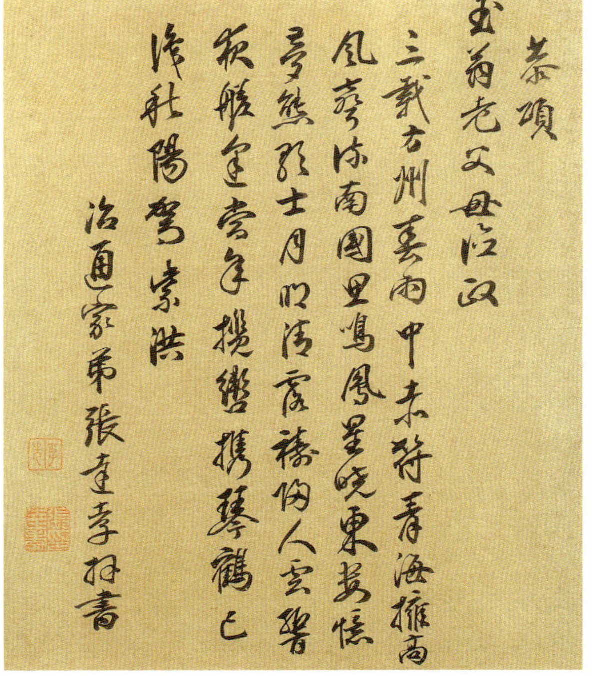

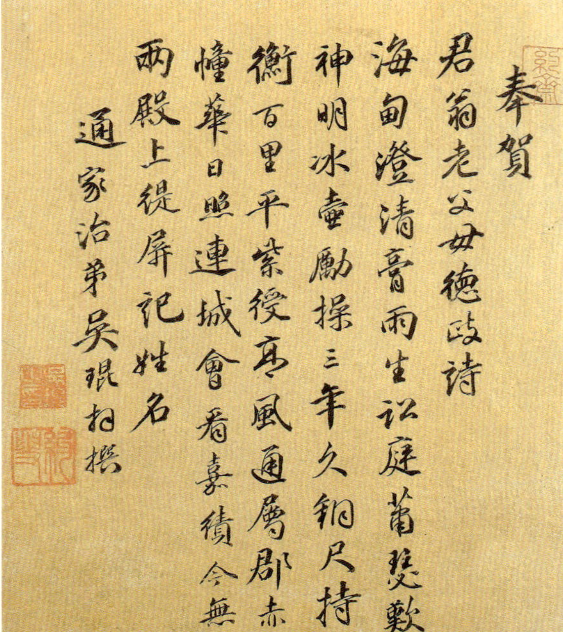

山水册

清·郁禾 / 绢本设色

纵 34 厘米 横 27 厘米

款识：庚寅冬日奉呈玉翁老师台正治门生郁禾。

书法：吴琨

1963 年入馆收藏

郁禾（1655—1678），昆山人，善画花鸟，山水亦工。顺治副贡。

山水册

清·陆陛 / 绢本设色

纵 34 厘米 横 27 厘米

款识：庚寅冬为玉翁老师门人陆陛

钤印：陆陛 等

书法：华见龙

1963 年入馆收藏

陆陛，生卒年不详。

此本为青绿山水。画面构图谨严，深远壮阔，笔法苍劲古拙，墨色苍润，格调秀雅，远处峰峦挺秀，烟雾弥漫，云光翠影，山中庙宇楼阁隐现，呈现一派清新景象。

山水册

清 · 李嘉绩 / 绢本设色

纵 34 厘米 横 27 厘米

款识：奉贺君翁老师台门人李嘉绩

书法：孙逢吉

1963 年入馆收藏

李嘉绩（1843—1907），祖籍直隶通州（今北京通州区），其父官于四川，遂随父居于华阳（今成都）。中进士第后，在陕西保安、千阳、韩城、华州、扶风、邠州、临潼、富平等县任职。富藏书。

本图青绿山水，色彩艳丽，富于变化。按照作者生卒年应属晚清，因此绘画风格符合时代气息。

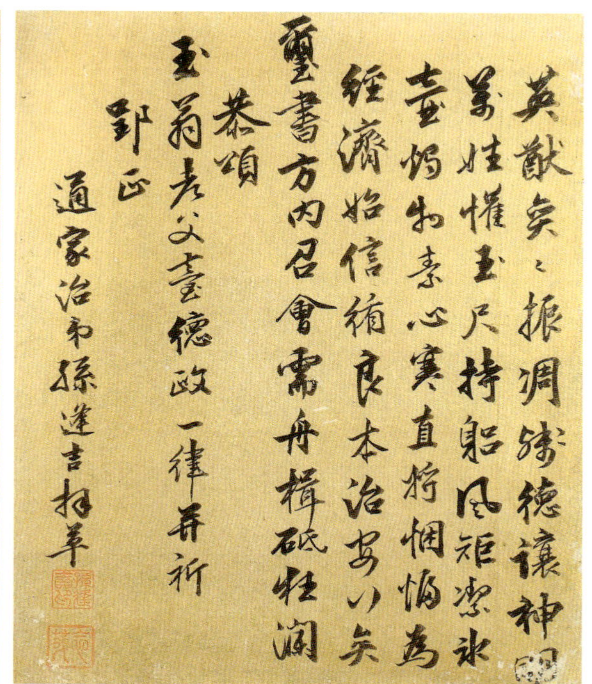

山水册

清 · 徐政 / 绢本

纵 34 厘米 横 27 厘米

款识：庚寅秋日画似玉翁老父台徐政

钤印：徐政之印

书法：王时敏

1963 年入馆收藏

徐政，生卒年不详。本图所画山水有清初“四王”笔意，茅屋村舍布置经营有致，笔墨苍润。

兰石图

清 · 恽寿平 / 纸本

纵 16.5 厘米 横 47.3 厘米

款识：异老长兄属画兰戏学文待诏未识略相似不寿平。

钤印：寿平之印 正叔

1964 年入馆收藏

恽南田(1633—1690)，名格，字惟大，后改字寿平，以字行。南田是他的号。

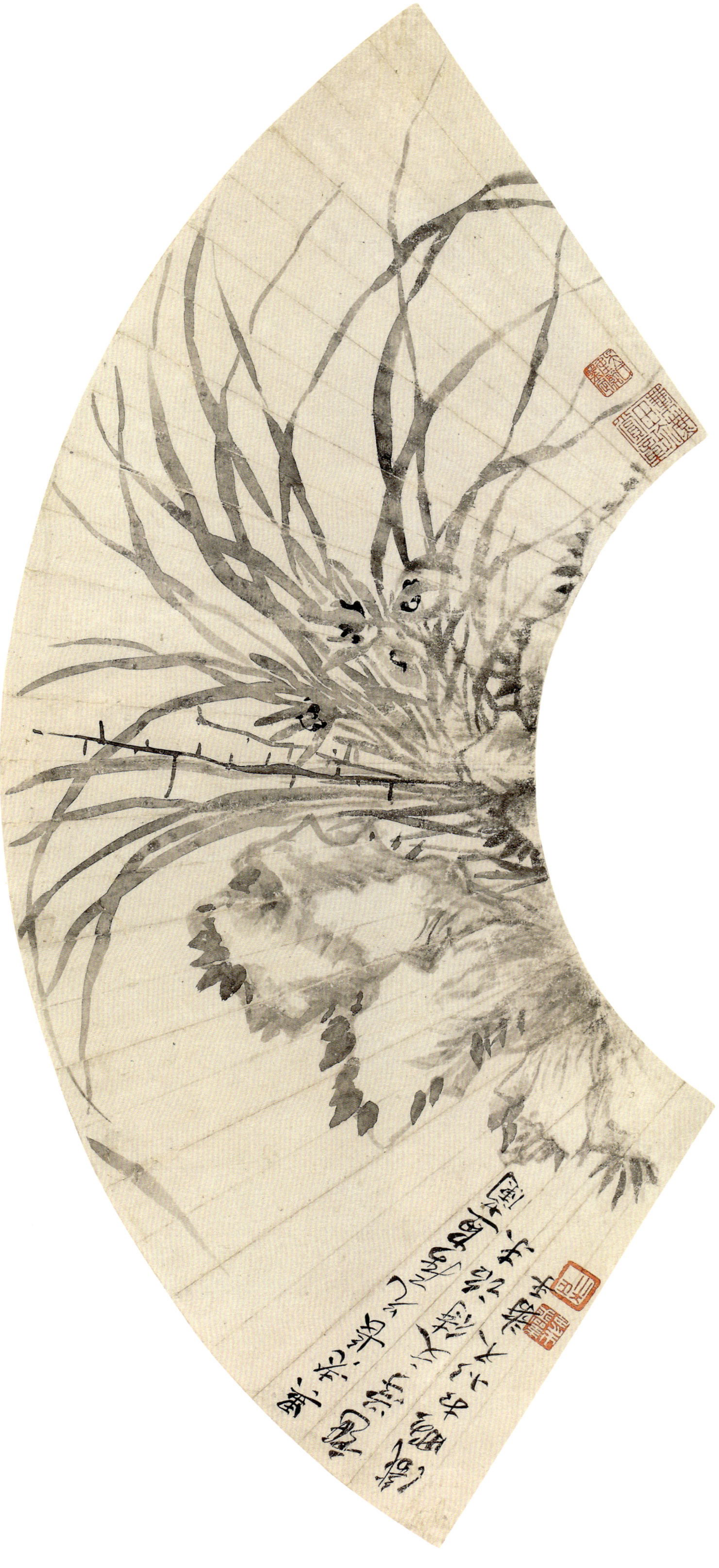

仿大痴山水

清 · 王原祁 / 纸本设色

纵 16.5 厘米 横 47.3 厘米

款识：癸酉长夏仿大痴似老道年翁正。王原祁。

钤印：王原祁 麓台 苍润

1964 年入馆收藏

王原祁（1642—1715），清初著名画家，字茂京，号麓台，一号石师道人。江苏太仓人。

上官氏行乐图

清 · 佚名 / 绫本设色

画心纵 175 厘米 横 57.5 厘米

款识：康熙丙辰中秋之吉，题三翁上官老年台行乐图。光禄大夫保和殿大学士太子太傅兼礼部尚书年弟杜立德顿首拜。

钤印：杜立德印

1962 年 12 月入馆收藏

天降時雨山川出雲昇平將啓
名世著聞爲龍爲鷁度越人羣
弼亮近衛彤書志勳拔葵種菊
和樂且殷賦詩翔麓尋芳滄雯
北斗氣爽南山酒醺于古何似
爲富爲文
康熙丙辰中秋之吉題
三翁工官老年臺行樂圖
光祿大夫保和殿大學士太子太傅兼禮部尚
書年弟杜立德頓首拜

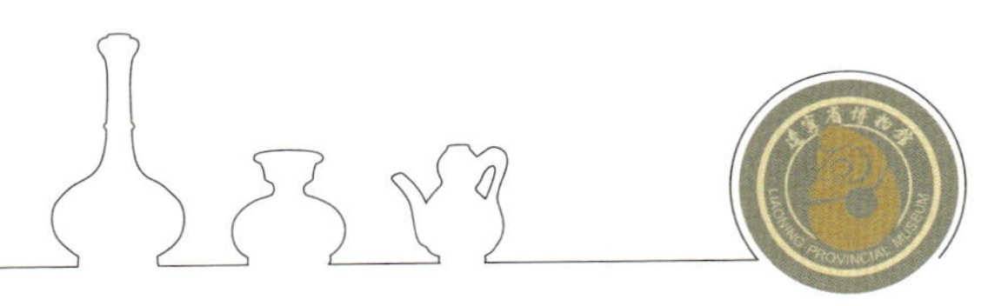

八寄图册

清 · 毛奇龄 / 纸本设色（八开）

纵 38.5 厘米 横 38.9 厘米

款识：畛淘先生属画西河奇龄

（1）乔崇烈，生于公元 17 世纪末，卒于 18 世纪初，为清康熙丙戌进士，改庶吉士。字无功，号学斋，江苏宝应人。钤印：崇烈 学斋

（2）王式丹（1645—1718），字方若，号楼村。清朝宝应人。积学嗜古，有盛名。康熙四十二年（1703）状元，授修撰。钤印：王式丹 方若

（3）王懋讷，王式丹的次子。钤印：臣讷私印

（4）王宸儁，钤印：宸儁私印

毛奇龄（1623—1716），清初经学家、文学家。原名甡，又名初晴，字大可，又字于一、齐于，号秋晴，又号初晴、晚晴等，萧山城厢镇（今属浙江）人。以郡望西河，学者称“西河先生”。

1962 年 12 月入馆收藏

毛奇龄的学识渊博，能治经、史和音韵学，亦工词，擅长骈文、散文、诗词，都自成家数。精通音律，并从事诗词的理论批评。他在书法艺术上也功力深厚，有自己的艺术风格，在清代初年很受推崇。毛奇龄的书法，骨力骏健、笔势挺拔，儒雅清奇、个性强烈，在文人书法中很有代表性。

想

秋月吟诗图卷

清·佚名 / 绢本设色
画心纵 33.2 厘米 横 79 厘米 总横 596 厘米

1962 年入馆收藏

試聽閶闔適誦絃政成
逸興寄鸞箋注庭秋露
明珠綴夾嶺跌桐碧玉
聯宿鳥無聲依韻外鳴
蟲看意助吟邊清風流
火亟幽篇着作運偕治
行宣 敬題
老夫子大人玉照錄請
鈞誨
門生王〇百拜

萬籟無聲露氣寒獨
尋幽趣少盤桓涼風皓
月窗前透修竹睞桐畫
裏看靜坐幾忘更漏
永高吟能使興懷寬政
心雅共冰壺潔定有清
芬湧筆端
乙卯春仲敬題
憲臺大人玉照錄請
鈞誨
屬下學正周〇

竹梧森爽水月淪漣吟詩
靜夜焚香告天清風世世將
以永傳
滄夫父臺老先生命題 蘊去疾拜手

坐月得秀句清思颯沓開風流
殊自在秋興浩然來桐露點
書幌竹陰掃石苔吟聲激
林樾蟾影故徘徊
乙酉新春題奉
滄來父臺老先生教正
治世弟松阿邵齋熊

梧竹有真趣夜來秋更清
奉題
滄來世老先生雅照并請 教正
耕堂許寶善

誨正
治寅晚生季畫錦拜稿

琴琴涼飈天末吹詩情常
向靜中窺唫來秋月娟娟
爽望對銀河耿耿時色有
弦歌民吏樂家傳風雅鶴
琴知碧梧翠竹參橫露試
聽鳴蟲入韻遲 乙酉新秋奉題
滄來明府老先生玉照即請 削正
古吳晚生朱克〇

木葉豈是風塵吏
經術用戰宗裕琴堂
靜穆疑伏事弄采筆
擒芳思閑來晚徑
高風細印涼露桂李
陰裹碧梧翠竹橫空
闘鳳不盡淺雲悪
右調寄於中好奉題
滄翁父臺老先生 玉照即求
郢正 治弟張廷珏拜稿

高吟坐良夜人靜月初起涼月
淡涵秋金粟香未已梧竹送清
聲會得作詩旨石几露華濃
硯池散寒泚含毫意邈然蒼翠
落滿紙秋景湛虛明心與冰壺
似 戊申九秋奉題
滄翁老父臺大人尊照即請
誨正
治晚生張大鏞拜稿

晚衙和放靜鳴絃坐對秋光賦百篇
鮑鮑文章時尉草典 出三絕
川 曾執吳剡月斧來恢恢游刃
見直才此間舊有絃歌里美箇風
流繼滄臺 戊申九秋敬奉
滄翁父臺老先生尊照求 教正
治弟李書吉拜稿

韋杜城南族高攀尺五天舊勳光國史新
政最琴川下里歌孺衿神君愛誦絃自餘經
籍氣家有 賜書傳
皓月秋如許閒庭萬籟空悠然坐古石穆若
對清風酒醉千杯竹詩題一葉桐高懷憑領略
吳觀桂香通
奉題
滄翁父臺老先生尊照即請
誨政
治弟閻鎔拜稿

秋景閒中妙詩情分外濃空庭人寂靜

梧桐百尺清如洗夜涼真覺碧天高獨鳴
琴韻成希聲 茗香來後萬石古青苔細梧
水酌琴川肯賢賢後賢
屠維歲立秋後十日題請
滄來老父臺大人 誨政
治下鮑〇拜手

浮雲遊萬古寫出無地心此中有真想
空際橫輕陰至德非無聲未結流清音
朏之蕞民意何異入山深二來娟風任
堂上布操琴教民本此理式如玉與金
秋風滿地來俯仰發長吟
屠維作噩皐月九日題
滄來老父臺大人 誨正
治下鮑俊拜手

碧雲渺渺澹長空
一種秋懷萬古同
坐久不知吟興遠
夜深清露滴梧桐
桂香月色透疏林
對景揮毫意趣深
茶竈筆牀閒領略
公餘休沐夜橫琴
滄來老夫子大人 誨政
門生王壽祺

已酉新春題奉
滄翁老父臺大人 誨政
治下鮑鏘拜稿

銀漢無聲夜色涼冰蟾着意作秋光桐陰坐久茶初熟
寓得新詩貯錦囊 公餘無日不吟風繪出秋聲對井
桐世慮已隨翠籟寂冰心如在玉壺中
滄來老夫子大人 誨政
門生陳昇

夜讀歐陽子清吟臨汝郡騷
人每多感心契本無方誰道
簿書暇翻綠風雅忙秋光
憑獨寫河漢淡微茫
昨咏
秋夜吟圖卷妄有未盡復題
四韻於後識者得毋嗤其
蛇足耶 隱几山人邵齋熊

涼天白露暮蟬樯秋色蕭疏夜月明吟興自隨更
漏永詩聲唱徹和琴聲 秋懷渺渺寄新詩端坐梧
桐月影遲長嘯一聲萬籟寂冰心付與此君知
滄來老夫子大人 命題
門生張文海

辽宁省博物馆

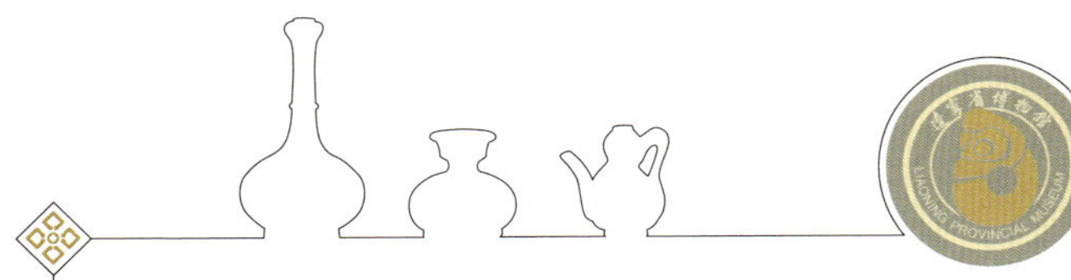

花鸟册

清·余省 / 绢本设色（十开）

纵 30 厘米 横 23 厘米

款识：壬午夏日，余省。

钤印：笔沾春雨 余省之印 曾三氏 天机心趣 以意写之 曾三又字唯亭 等

1964 年入馆收藏

余省，字曾三，号鲁亭，江苏常熟人。花鸟画师从蒋廷锡，乾隆时供奉内廷，善画花、鸟、鱼、虫，尤擅画蝴蝶，并参用西画法，赋色妍丽。

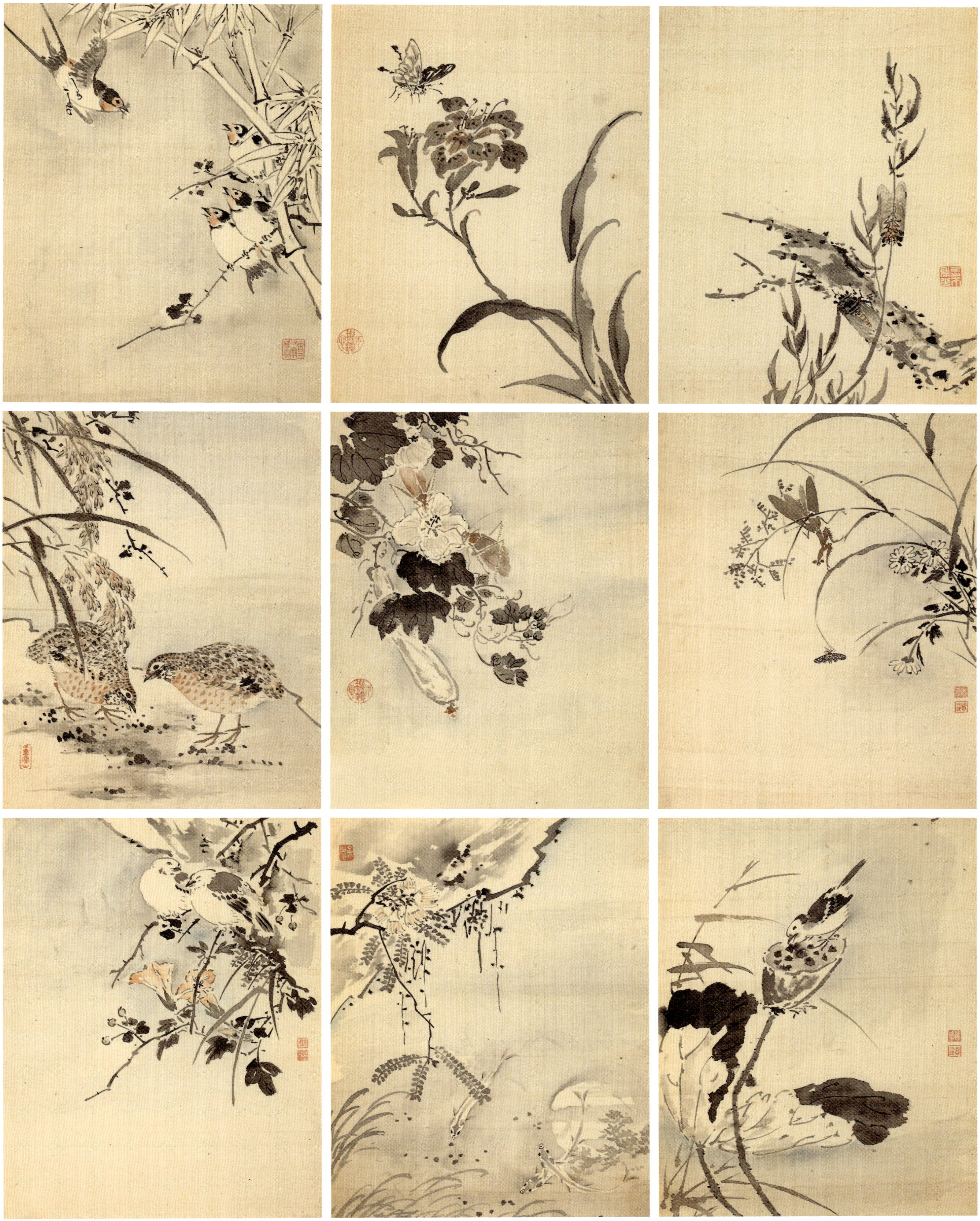

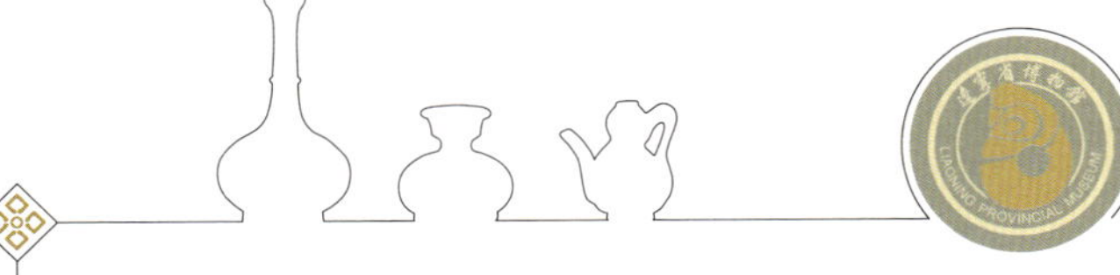

山水

清 · 赵大成 / 纸本
纵 16.5 厘米 横 47.3 厘米

钤印：赵大成
1964 年入馆收藏
赵大成，生卒年不详。

永禧行乐图卷

清 · 朱起麟 叶徵合作 / 绢本设色

画心纵 33.3 厘米 横 131 厘米 总横 523 厘米

款识：乙丑春王朱起麟写，焗云间叶徵补图。

钤印：朱起麟 苍石 等

题跋：虞隆、沈铨、梁文浚、吴淇、沈兆祯等十余人。

1962 年 12 月入馆收藏

朱起麟，生卒年不详。叶徵，生卒年不详。

目睹風姿勝，聞稜稜秀骨氣凌雲。科頭息處梅為友，濯足臨流鶴是群。愛試松烟摹細草，喜烹雅茗論詩文。繪本兒樂真堪詠，大塊襟懷信許君。

壬辰仲夏坐玉尺齋中，出口樂[illegible]序展圖細閱，丰致儼然，逸蕭蕭，慧心俊骨，非此君子莫能有也。不自恥狂愚，妄為一序，並賦俚言以助一咲。

江干弟張謀頓首

湻湻丰神，胸襟磊落，脫帽露頂，妻梅子鶴，觸景搆思，筆搖山岳，唆實有意於林泉，豈甘心乎丘壑。

覺山朱湘

梅鶴清癯林泉標素
為
錫之年丈兄題
東江虞謙
淩霜傲雪在林泉標素丰姿世
欲傳趣得清風騰萬里更同高
節毓芳年
敦拜又題
碧落襟懷風月齊科頭
晴傲白優游冰魂雪魄
作詮華玉羽霜毛叡醉眸
題為
錫老賢弟 正之
渤園吳洪
眼底伴君梅與鶴看梅招鶴興悠然
梅開爛熳鶴無語隺舞翩躚梅自
妍侶鶴有梅情共淡將梅比鶴色
同鮮欲知梅隺雙圖意梅可調羹
鶴唳天
西湖梁文浚拜題
梅自清臞鶴自妍羊儀
瀟灑望如仙當年未識林君
復好向圖中認此賢

含很風光憑領取華堂龍
蛇
右調踏莎行
右山金銓
悠悠曳曳踏踏涼涼七碗能飲
萬卷可藏吾兄豈陶潛之
高蹈與阮籍之猖狂日笑
傲於清風明月之下寄山
怪石之旁宜乎對梅鶴以
游徜徉而問之彼蒼寫為
錫老三兄先贊
同里弟季友梅
流水潺潺怪石磊磊中有雅人淡然
寡慾不偕時不媚俗不逃禪不避谷
樂志琴書耽情丘壑聊對梅鶴以徜
徉斯不失乎本來面目為
錫繁老表弟贊
鐵嶺李乾修
不巾車作梅鶴漫然而來翛
然而去欲上友乎古人峯天下
之紛紛看而洗其耳
題
錫老賢弟
宗瞿保

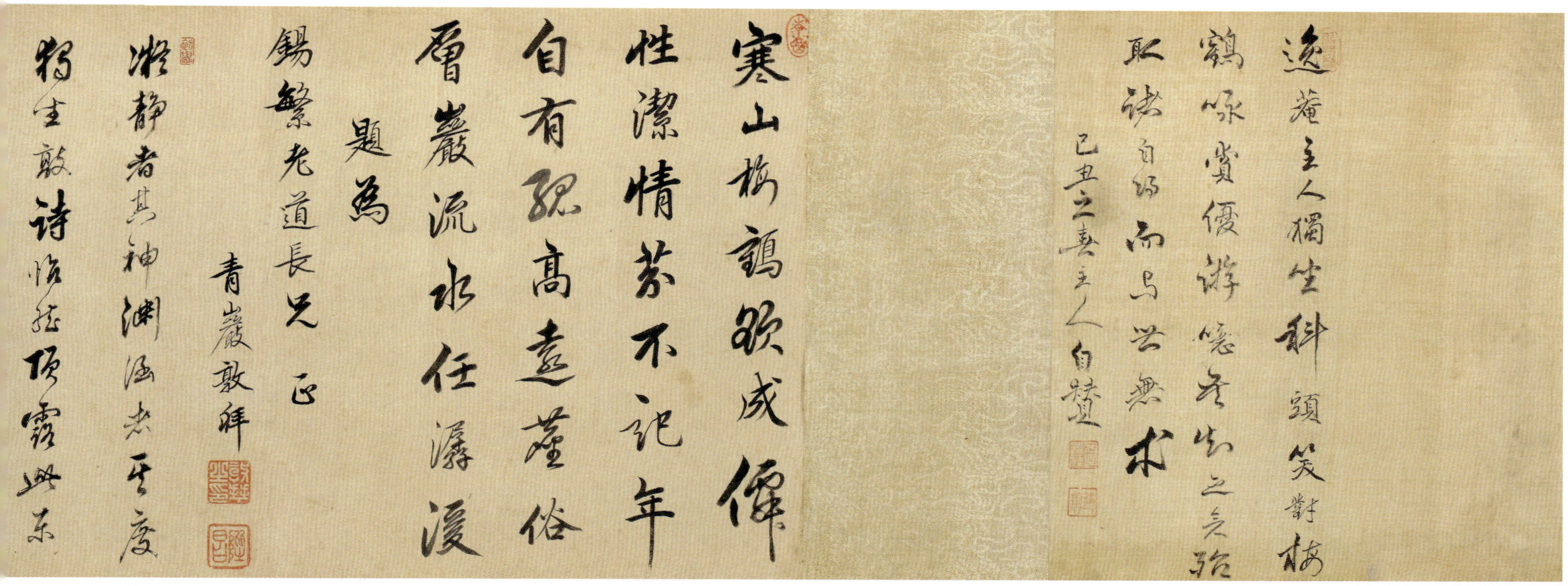
寒山梅鶴歌成偉
性潔情芬不記年
層巖流水任潺湲
青巖敦拜

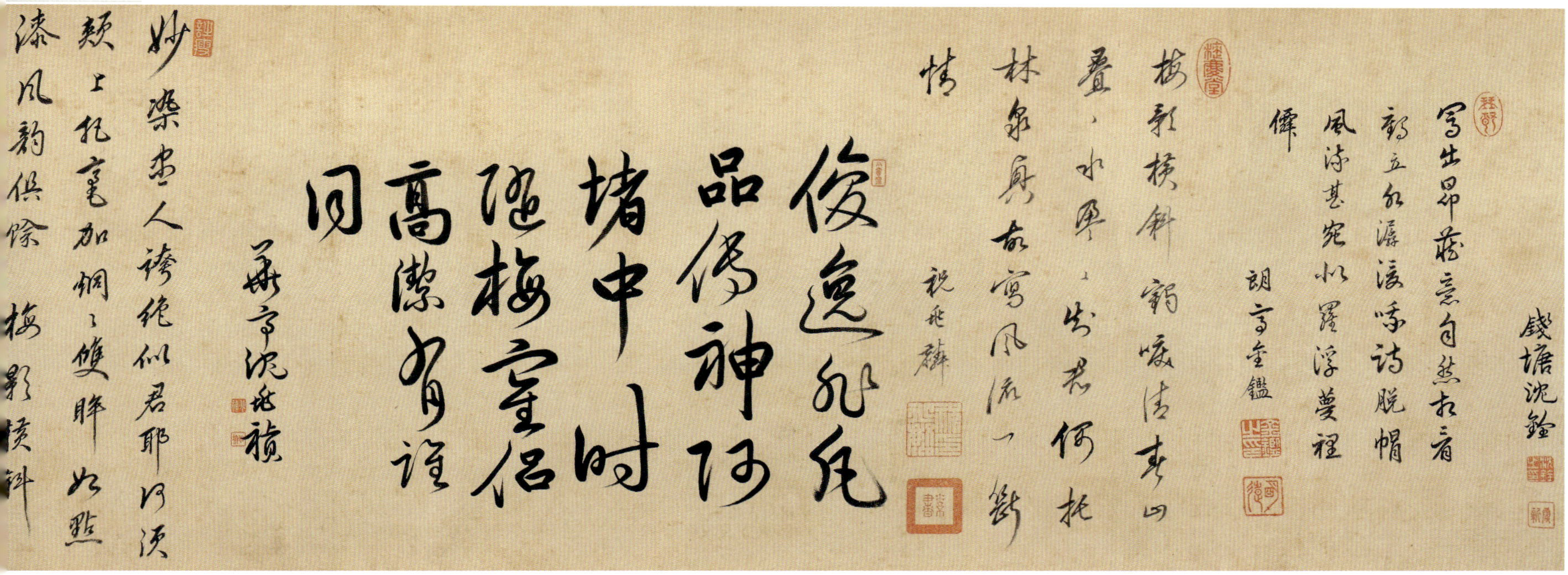
錢塘沈鈐
胡亨金鑑

双马图

清·李世倬 / 纸本

纵 42.7 厘米 横 62.5 厘米

款识：司空远寄养初成，毛色桃花眼镜明。落日已曾交訾语，春风还拟并鞍行。长令奴仆知饥渴，须著贤良待性情。旦夕公归申拜谢，免劳骑去逐双旌。昌黎贺张十八秘书得裴司空马。米元章画工部丹青引即效其用笔而录斯句。李世倬。

钤印：世倬 因弦 几研精严见性情 等

1962 年入馆收藏

李世倬（1687—1770），字天章，一字汉章、天涛，别号十石居士、太平拙吏、伊祁山人、清在号谷斋，又号菉园、星厓，居士，奉天（今辽宁沈阳）人。善画山水、人物、花鸟、果品，各臻其妙。晚年喜用指墨作人物、花鸟小品，以焦墨细擦，颇得轻重浅深之致。年逾八旬犹能作画，书小楷。

荻花鹤鹑图

清 · 李世倬 / 纸本

纵 102 厘米 横 25 厘米

款识：徐崇嗣粉本有双安图意，余抚其意。乾隆丙寅冬日，穀斋。

钤印：世倬 穀斋

1962 年入馆收藏

徐崇嗣粉本有雙安圖
乾隆丙寅冬日
毅齋

苦竹山庄图册

清 · 王溶 / 纸本（十三开）

纵 21.5 厘米 横 28.1 厘米

款识：鹤艇王溶写

钤印：润苍

1962 年入馆收藏

王溶，字润苍，号鹤艇，自属老梅，安徽人。山水苍老烟润。

苦竹山莊

癸卯新秋
笠人大哥屬書
弟魯璜

竹枝漫山成綠霧落葉秋深
欲迷路長風忽送金石聲錚
到公廷讀書處我向天都訪
舊遊題名直上碧雲頭當時
山半聞君誦倘作蘇門十日
留
嘉慶辛酉秋八月望後三日
題應
主人大兄屬再正
蘭陵族弟星衍

誰截黃山雲化為天幅
墨華屋隔路樓恍見遠
峰多幽人居其中敢味常
自得我非何紫底可定不可印
癸卯秋題奉
笠人老學先生并正
白下吉皇徐毅

嶕嶢橫青嵐蕭蕭數竿竹之子
寄幽襄琅玕儼新沐西屏與丁
峰望樽往來聚酒徒東西散雞
犍質當谷淡墨倪雲林寫出高
人躅空山少行踪清芬接心目
朋事悔吾儕題詩紛盈軸
笠人先生雅正 己丑
克堂朱集琴亭

茅舍疏籬屏俗情滿窗書史帶經耕蕭森
翠篠搖新綠淡遠烟嵐送晚晴幽處生雲
添畫意風前戛玉間琹聲月明吟遍溪橋
上可識山莊有鳳鳴
題奉
笠人學長先生教正
竹山曹恒

己未新秋家十三侄屬題以應
笠人大哥雅教
阿買傳來苦竹圖主人不問是通儒怕栽
㚥李名心淡住近林泉道味腴連屋攤書
蟫食字萬竿脫穎鳳將雛此君高節原
難量渭水蒼茫隱釣徒
弟汪兆燾稿

春草年年綠到門湘簾
不卷篆香溫新詩裁出
如冰雪高卧江南苦竹村
墨彩淋漓發古香一門
雅調寄清狂 謂令姪循齋 憑誰添
畫寄幽態嵐氣侵衣度石
梁
戊申首觀笠人孫君苦竹村
莊畫冊附題二絕并正之
浣雲弟汪某未定艸

夢畫黄山三十年，頗陽風雨陽江天
畫中小試看山眼，姤然詩人枕石眠
蕭蕭短竹抱村園，放出樓當萬里天
山翠滿簷飛不入，祗容流水到門前
笠人先生囑題
懷寧潘瑛

心遠愛地偏，山深自開寒。老樹
霞蒸崖幽，篁園翠壓時覺秋
風生，猶聞清霞滴。把玩移我
神坐，使塵襟滌。　題請
笠人先生教正　雍甫李永錞

修竹如幽人，生時秉苦節。何人嗜此味
意與酸鹹別。終日好山居，十丈琅玕列
不屑附春風，頗能耐霜雪。俗子恥寒瘦
詩人慕貞潔。孟郊愛苦吟，出語泉嗚咽
要是楚騷餘，三閭肝腸裂。涪翁嗜苦筍
食肉真陋劣。忠諫活國家，犇龍誰敢褻
魏公殊嫵媚，凜凜古豪傑。　先生藝苑
腸耿介，百不折。琅琅金石聲，榮華天秀
絕。咀嚼牙齒清，力避小兒舌。人才會養
成，干霄松栢埒。晚節宜受辛，誰以薑桂
屑。
癸亥季秋題
笠人先生苦竹畫冊，即正之
見亭沈奎初稿

數間茅屋隱崇岡，我箇琅玕鎖石梁。對
我會心渾不遠，依稀煙雨出瀟湘
庚申秋初題奉
笠人先生哂政
芙湄吴步雲

休言寂寞水雲坳，萬壑松風響翠
濤。添得蕭蕭數竿竹，虛心健骨妬
相高。　朱向懸陽探勝蹤，先從畫
裏識峰容。何時抱我玲瓏玉，來訪
烟霞話碧髯。　辛酉秋仲題請
笠人先生郢政
新田鍾華添

眷拙謝塵了息心，東齋沐時菸蒸
霽餘。聯悠煙郊，曬垂楊低拂，頭嵐
花深掩，足初初。樹影團團，溪流無
平原曠以衍，叠嶺巔明霞。野橋敧
斷石村莊，園苦竹所。室淨雲書聲
英惟信宿，新詩曾削。青舊酷遠
泛綠。飛云勝秧無終，知吾儕獨林
昏鳥雀喧，檐樓星斗屬文。為後
會期闌，襟領珠玉。
久雨初晴，風物恬，爰勉柱
笠人大兄招集並出見懷之作，次韻奉
和，即用題其畫冊。鮑元佷拜稿

康崇苦海斤竹澗，先生今名苦竹
莊。湯說味疑夏出，庭含見寔本丹鳥
翔。工部苦竹詩，味苦夏亦茂。我苦讀書嗜靚記
錫洪索隱求其味，森森吾嚴乃得身。惟
君可共領此意。廿年面壁辛且勤。淩
紙多奇文為祝。先生甘節吉，鋒託
飛去看穿雲。　怪發
戊午仲秋
笠人學長先生屬題即正
金陵老弟芸谷蔡元春拜手

執友汪瑤甫，朝朝述我君一庄環
苦竹，終日枕香，芸傾蓋見心古
披圖如意，懸他年會相訪，泛
觴破寒雲。　嘉慶甲子白門逆旅踏
笠人先生歙慕結中形為吟咏不復自
計工拙也。涇包壽并記
俗骨苦難換，清
言媿竹君。不知
邱壑外，能着幾
多雲
吉卿為題
笠人先生苦竹山庄圖。僅
寄不敢過着，亦請題之

我生頗苦竹，酸澁性莫知。問一笑鼎沮咀嚼咸攢
眉翹首。天宇中位置要所宜。預今閱五十此退心力
疲。京華塵不夢，揚州鶴難騎。只合茅檐下，倚
竹聽黄鸝。無端秋風生，吹我到江湄。把臂得孫
郎，美箓箓人麻。葦奮雲翅，展嘆嗟虹霓。長
自言廊堂器，毅然質廣吹奈何。幸出蘇雲心
到岩低，須知古哲士，磨礲見其奇。願君風瀛
澥，量鼻益皐夔。一鳴岐山鳳，來作
雲廷儀。弃此苦竹，莊讓我，擬吟髯，扶杖孫郎
醮長歌，自傳詩。
乾隆乙卯八月白下作請
主人大兄先生削政
石泮林慕艸稿

知名三十載，疇昔阻相尋。却向青谿客，才聞綠綺音。披圖動
鄉思，飛夢到遥岑。擬便携家具，隨君也入林。
笠人先生出示大集，并以此圖命題，因韻博粲，即希
雅正。嘉慶甲子仲秋白門旅次，心龕學人黄承增呈稿

辽宁省博物馆

胡文忠公小像图

清 · 沈塘 / 绢本设色

纵 34 厘米 横 26.5 厘米

款识：光绪甲辰嘉平月，吴江沈塘敬摹于两湖节署。

胡文忠公小象。乙巳小阳月，会稽朱承均敬题。

钤印：沈塘画记 承均之印

1962 年 12 月入馆收藏

沈塘，字雪庐，生卒年不详。清末苏州画家。

胡文忠公小象

乙巳小陽月會稽朱承均敬題

文忠公知人之明任人之專待人之誠能用人而人亦樂為之用當時軍書旁午作此數行小簡亦隱然見運籌決勝之中皆有真摯之至意存乎其間為後世之專恃權術以駕馭者我以詐求而殺人以詐應其可得乎 文忠往矣世變方深吾友沈君雪廬得此數簡愛惜而珍重之并摹遺像而裝池之真吾以人哉吾湘有人吾宗有人天下之大如 文忠者當更有人謹識數語以質世之繼 文忠而起者

光緒乙巳十月長沙同宗子棣華敬題

光緒甲辰嘉平月吳江沈塘敬摹於西湖節署

大伯父文忠公遺像藏之斯干第西偏樓中有年光緒戊子春問勳蒙 兩廣督師南皮張尚書特達之知拔擢為官委勳南旋繪 陶左兩先達暨 文忠遺像時少荃先方養疴閭里以此像貽勳 文忠見背之年勳猶未生不獲親見顏色其像之神似與否勳固不知也携之粵東敬奉有年適姊丈周桂午太史來守廣州姊兄亦偕來相見謂曰此像乃 彭剛直公在湖北黃州時所繪鬚眉色笑宛若生前勳聞斯言恭紀其略益不勝孺子之慕爾

辛丑冬姪子勳恭記

乙巳十月裝池告成沈塘謹錄

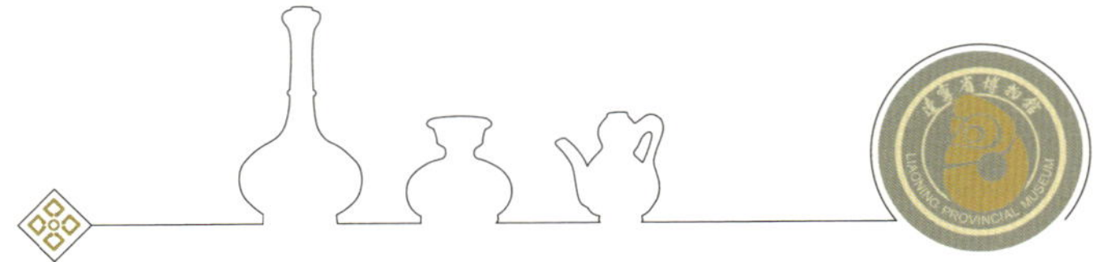

钟馗图

清·吴彬（款）/ 绢本设色
纵 174.5 厘米 横 111.3 厘米

1962 年入馆收藏

书画集卷

清 · 于宗瑛 / 纸本

纵 44 厘米 横 132 厘米

1962 年入馆收藏

款识：壬申秋月，宗瑛。

于宗瑛，字英玉，号紫亭，汉军镶红旗人。乾隆十九年（1754）进士，官至御史。性简淡，不趋荣利。工诗文，著有《来鹤堂集》。写意花卉、人物，笔墨率意自然，酣畅淋漓，颇有天趣。书法学颜真卿，参以苏、米两家，苍古浑厚，尤见功力。

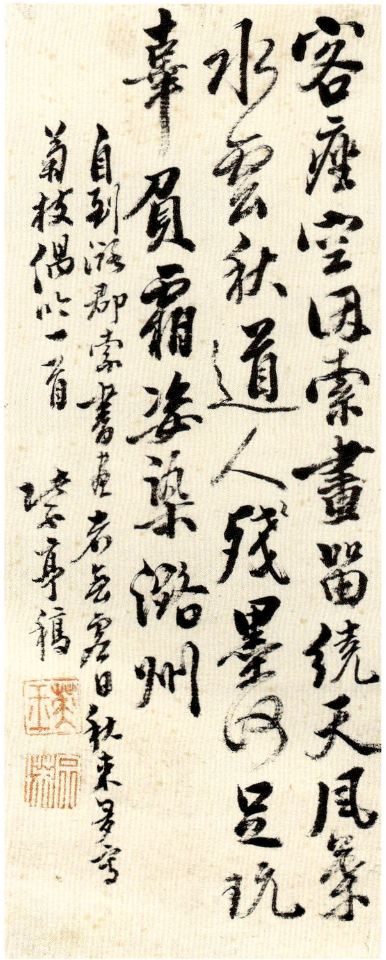

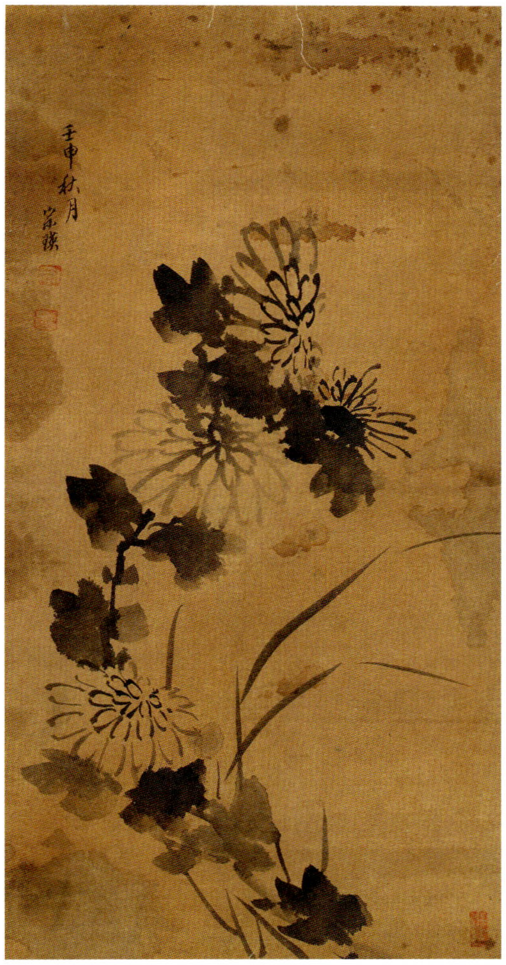

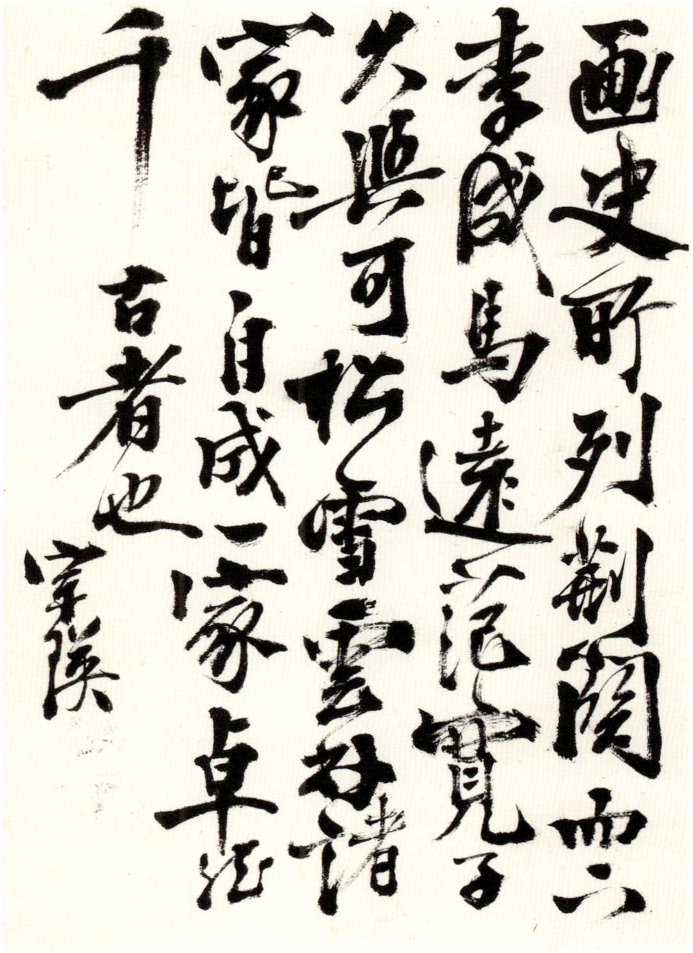

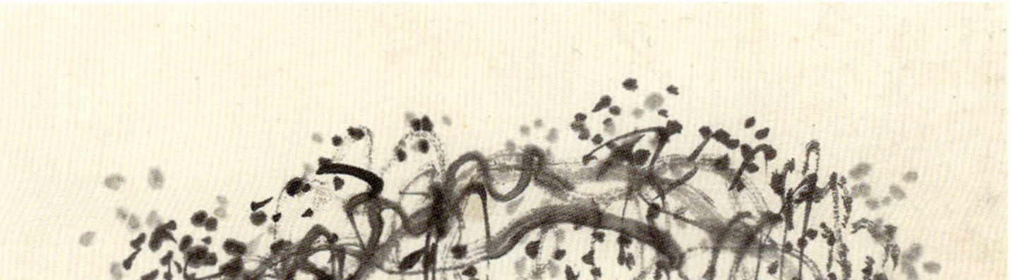

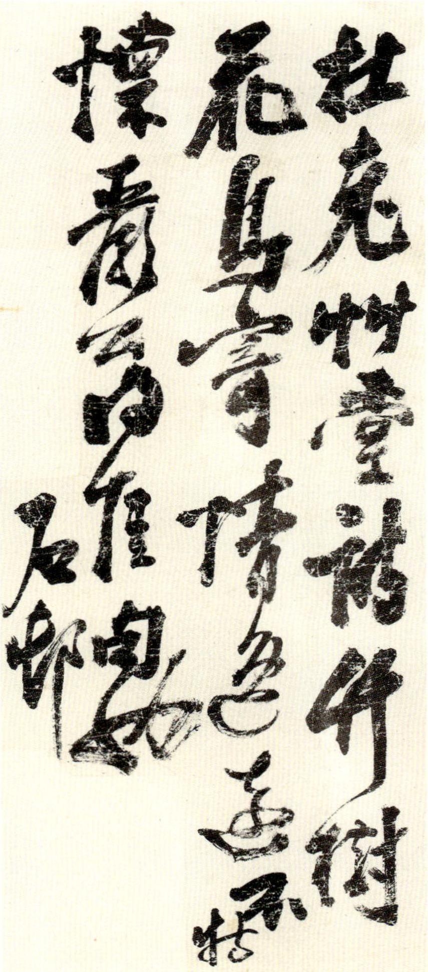

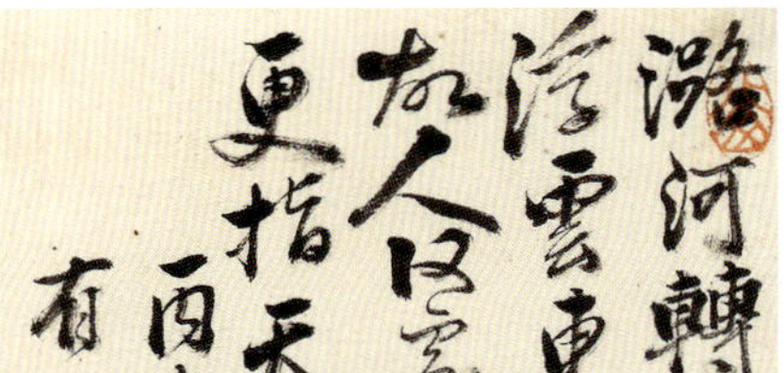

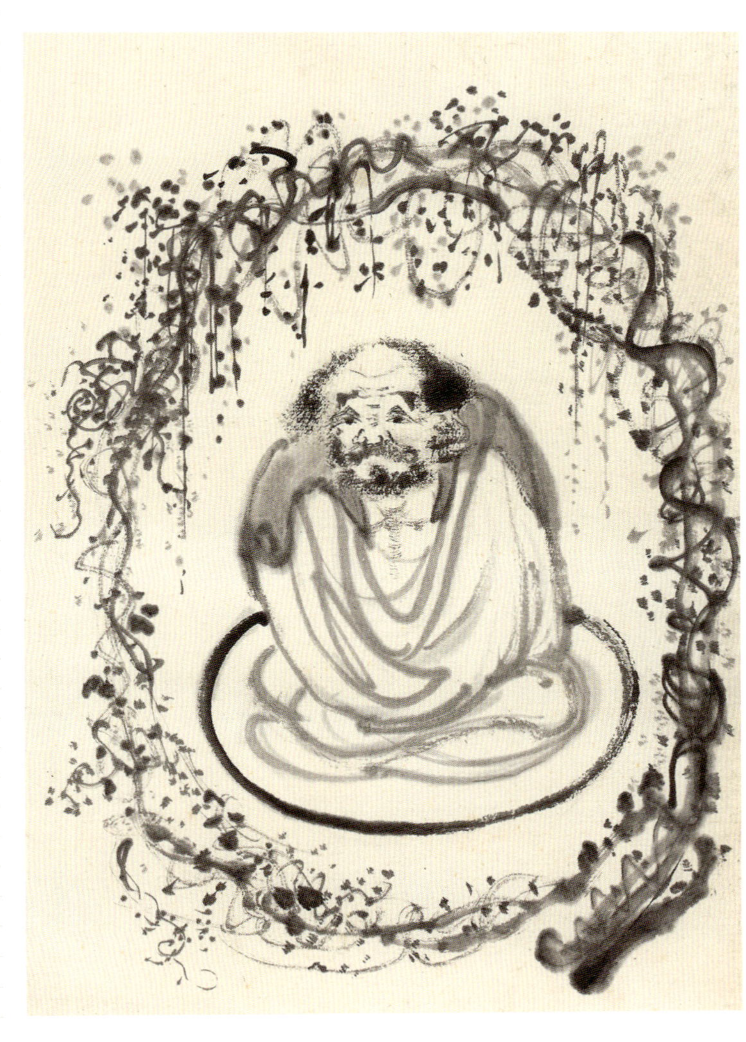

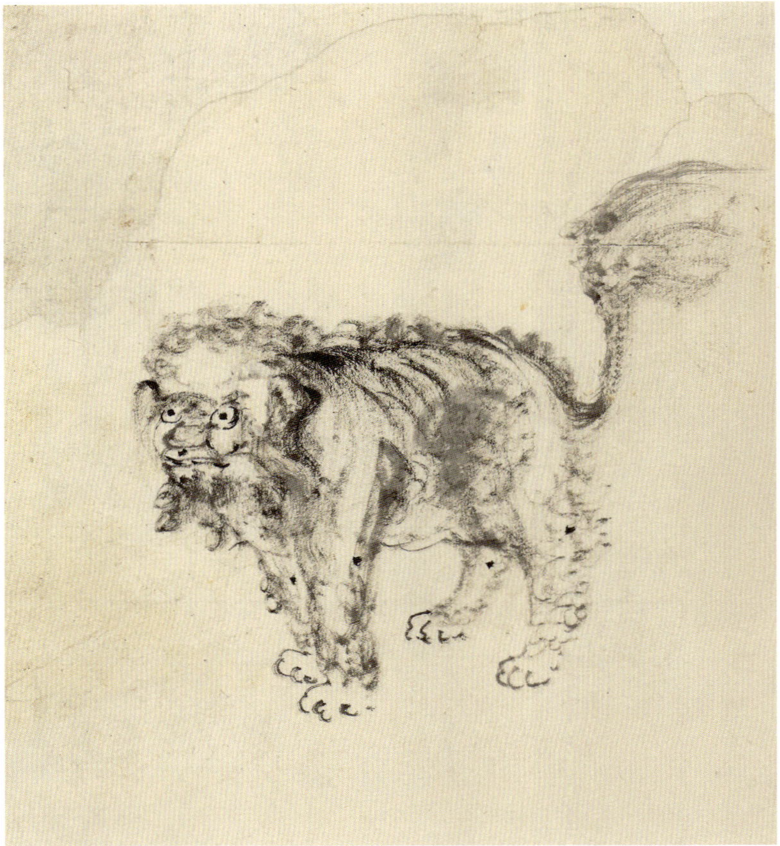

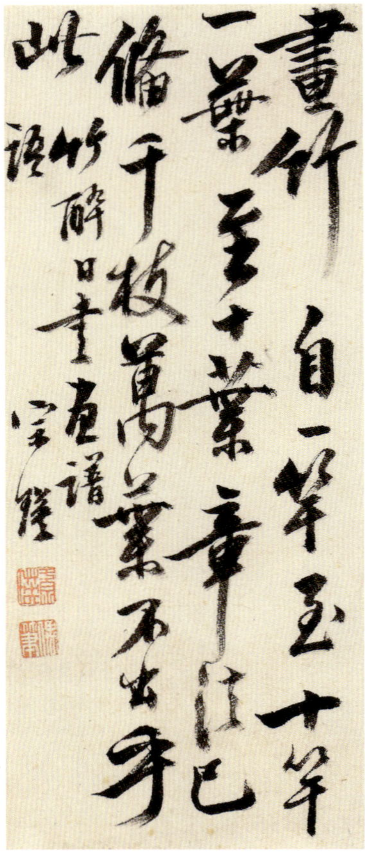
畫竹自一竿至十竿
一葉至十葉章法已
備千枝萬葉不出乎
此

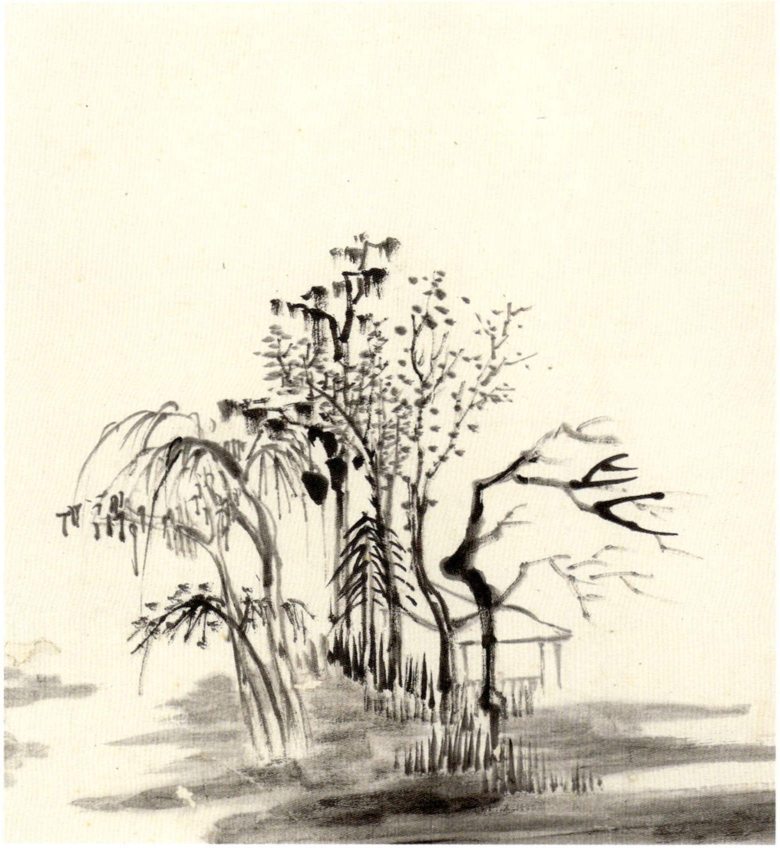

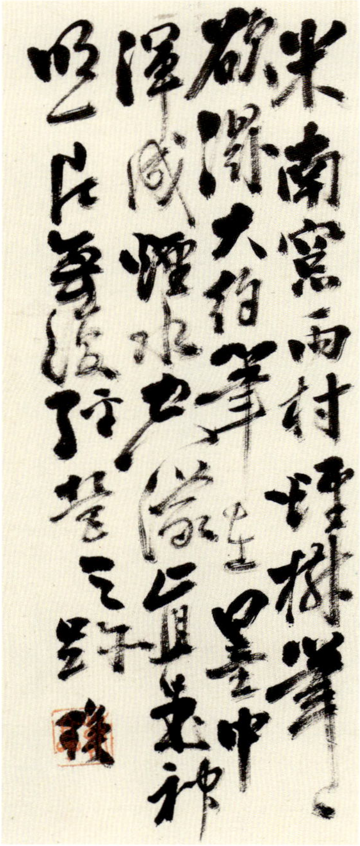
米南宮雨村煙樹

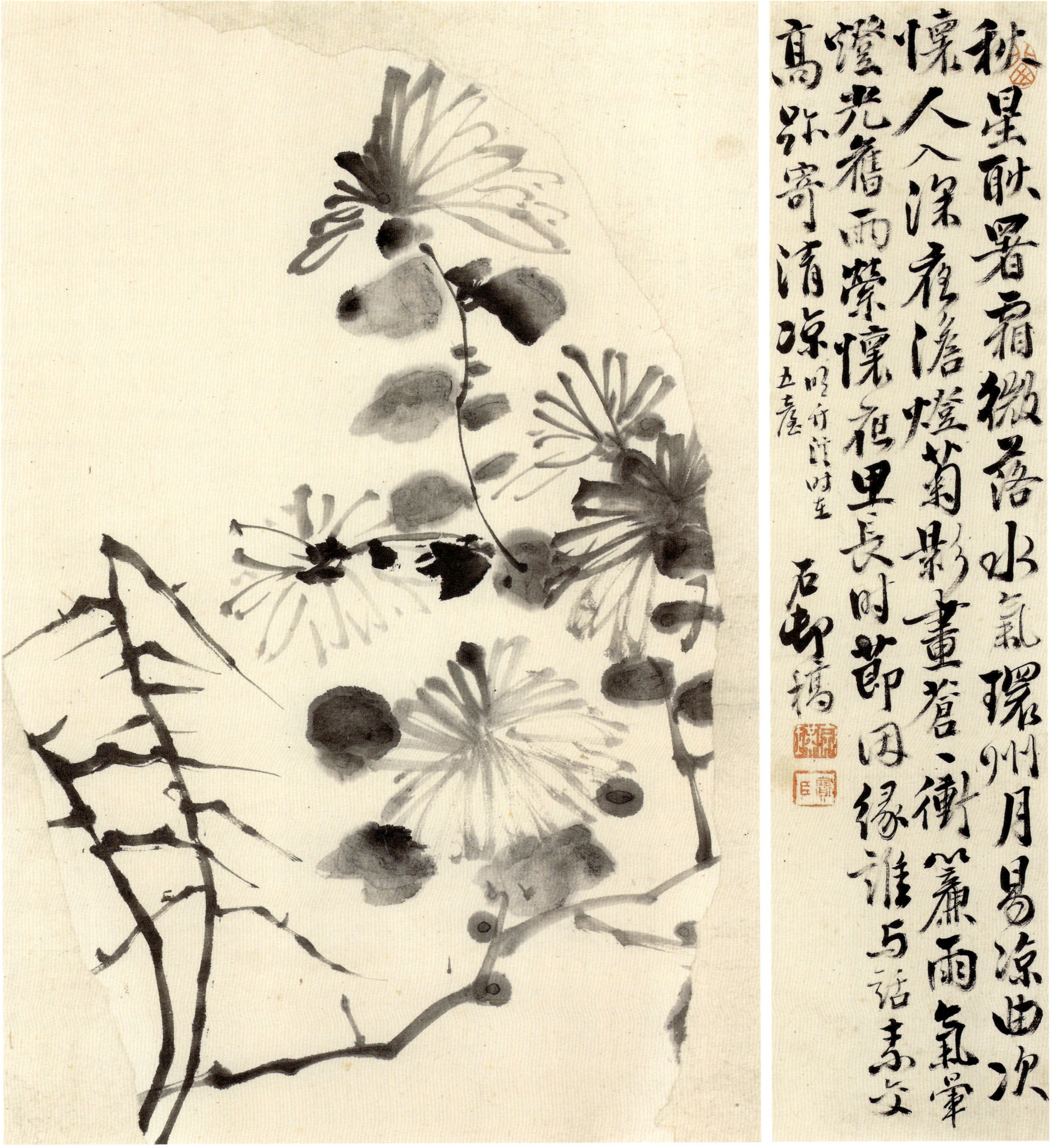
秋星耿耿暑霜微落水氣環州月易涼曲次
懷人入深夜夜落燈菊影畫蒼蒼衡簾雨氣暈
燈光舊雨縈懷夜里長時節因緣誰與話素交
高躅寄清涼
石卿稿

字小幅畫六如之
紫庭侍御同年任手所作也詩詞既工而用
筆尤峭拔所謂字如其人瘦竹墨瀋行跡之
者也畫則梅菊山水及人物皆抒寫自然
出筆墨畦畛之外古人書畫率以狀其心之所
自得與性情所寄不必沾沾求合於法後具而
然清標絕俗自使人敬而愛之　滄來刺史
篤念手澤凡遇寸縑尺紙靡不擴摭掇拾
彙而成是軸是真孝思不匱者矣史載王方
慶藏其十一世祖導等二十八人書共十篇
上之武后之御武成殿徧示羣臣詔中書舍
人崔融序世代而還之號寶章集士人歆
爲榮寵此軸雖零星短帖而生氣横逸有如
長虹貫月者後世敬而且愛亦當尊爲王氏
之寶章也已　嘉慶丙辰嘉平王昶題
時年七十有三

山公真氣洽人天身坐春風憶昔年玉尺看量天
下士霜毫驚奪化工權長望兜率情何極重對
緗緗思黯然堪羨子猷能繼武風流文采見
薪傳 滄來大兄以其
先侍御公墨寶見示感成一律時在
嘉慶丁巳暮春 滄州後學李廷敬拜題

紫亭先生書畫嘗從 滄來使君處徧觀每憾跃志語
不能形容盡妙今復出示斯卷清空解脫筆墨間無
非靈氣往來蓋由 先生之性情行詣全其天而不雜
以人遂乎道而弗諧於俗故見於藝事者如此
嘉慶丁巳孟秋月 後學年姪汪學金拜手謹識

烏臺御史玉堂仙三絕都憑一
幨傳此是 先生游州作 是卷為使通游時作
見自詠句 手痕猶見卅年前
後學姪萍江劉鳳誥敬題

翰墨西清貴留傳矣葉光心香擁愛
敬手澤見猶良 謂滄來使君 霜露思常切
雲煙跡未忘駟門宗世德海內重琳
瑯 年愚姪嵇承志敬題

辽宁省博物馆

行书谒泗陵诗

明 · 王思任 / 绢本

纵 201 厘米 横 55.5 厘米

款识：恭谒泗陵有纪。王思任。

钤印：王思任 季重

1962 年入馆收藏

王思任（1575—1646），字季重，号遂东等，浙江绍兴人。万历年间进士，曾任知县、州推官礼部右侍郎、尚书等职。他能书善画，诗、文最精，所画山水格调高逸，所作诗文才情烂漫。其书法以行草为工，有山阴遗风，主要得益于智永、虞世南；草书学怀素，瘦劲圆通。他的书法受到董其昌、陈继儒等人的赞誉。

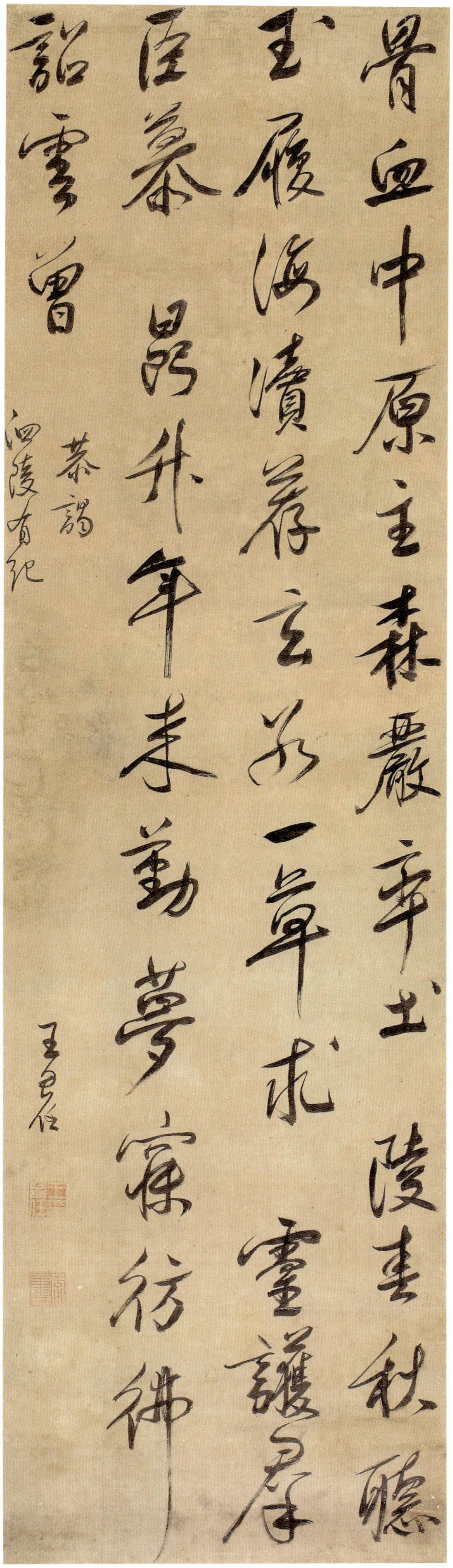

行书格言卷

清·于成龙/绫本

纵 76.4 厘米 横 48.3 厘米

款识：己卯仲春书于清江浦署。三韩于成龙。

钤印：于成龙印 振甲氏

1962 年入馆收藏

于成龙（1617—1684），字北溟，号于山，清代山西永宁州（今山西省吕梁市方山县）人。擅长书法，近董其昌，诗词亦工。

天下無不愛兒女之父母而有不
孝之子孫殊不知我之愛子即父
母之愛我也人能以愛兒女之心
愛父母則天下無不孝之子孫矣
天下無不愛妻子之人而有不睦
之兄弟殊不知夫妻異姓而兄弟
同胞人能以愛妻子之心愛兄弟
則天下無不睦之兄弟矣
天下無不慕爵祿之人而有不忠
之臣殊不知爵祿可辭而忠蓋
難盡人能以慕爵祿之心慕
君則天下無不忠之臣矣
天下無不趨勢利之人而有不信
之朋友殊不知勢利有盡而道
義無窮人能以趨勢利之心待朋
友則天下無不信之朋友矣
己卯仲春書於清江浦署
三韓于成龍

行书七言诗

清·范承勋/绫本

纵 148 厘米 横 49.9 厘米

款识：沈阳范承勋。

钤印：范承勋印

1962 年入馆收藏

范承勋（1641—1714），字苏公，号眉山，自称九松主人，辽宁抚顺人，隶属汉军镶黄旗。任兵部尚书，加太子太保。

一泓涪澍瀉空來，夾石分明灩澦堆。聞道三巴通
禹鑿，曾從金落把天開。　雁蕩分來一片山，搜
奇謝客未經攀。卻於西域逢東谷，對有靈湫秘
此間。　小巫峽、小龍湫二詩，書似
肄六年翁。
瀋陽范承勳

首都博物馆

青釉辟邪

西晋

高 12 厘米 长 16.5 厘米

1983 年入馆收藏

绿釉陶仓

东汉

高 50 厘米

1983 年入馆收藏

黄釉蓝斑席纹执壶

唐　郏县窑

高 22.1 厘米

1983 年入馆收藏

白釉盒

唐　巩县窑

直径 23.6 厘米

1983 年入馆收藏

青釉刻花双鹤纹碗

宋　耀州窑

直径 20.2 厘米

1983 年入馆收藏

青釉印缠枝菊花碗

宋　耀州窑

直径 20.3 厘米

1983 年入馆收藏

红斑莲花瓣口小盘

元　钧窑

直径 13 厘米

1983 年入馆收藏

天蓝釉小碗

元　钧窑

直径 11.7 厘米

1983 年入馆收藏

月白釉紫斑花瓣口小盘

元　钧窑

直径 13 厘米

1983 年入馆收藏

洒蓝釉钵

明宣德

高 11.5 厘米 直径 25.3 厘米

款识：大明宣德年制

1983 年入馆收藏

白釉酱彩花果纹盘

明宣德

直径 25.8 厘米

1983 年入馆收藏

青花人物提梁壶

明万历

高 13.5 厘米

1983 年入馆收藏

青花釉里红云龙天球瓶

清雍正

高 47 厘米

款识：大清雍正年制

2005 年入馆收藏

大清雍正年製

粉青釉描金镂空开光粉彩荷莲童子转心瓶

清乾隆

高 28.1 厘米

款识：大清乾隆年制

2009 年入馆收藏

青釉六方瓶

清乾隆

高 70.1 厘米

款识：大清乾隆年制

1958 年入馆收藏

斗彩勾莲八吉祥盘

清乾隆

直径 50.5 厘米

款识：大清乾隆年制

1958 年入馆收藏

外粉彩内青花镂空花果纹六方套瓶

清乾隆

高 40.6 厘米

款识：大清乾隆年制

2005 年入馆收藏

粉彩撇口瓶

清嘉庆

高 18.6 厘米

1958 年入馆收藏

粉彩三羊笠式碗

清道光

直径 13.8 厘米

1983 年入馆收藏

粉彩三羊笠式碗

清道光

直径 13.8 厘米

1983 年入馆收藏

六棱花卉铜镜

唐

直径 18.4 厘米

1983 年入馆收藏

首都博物馆

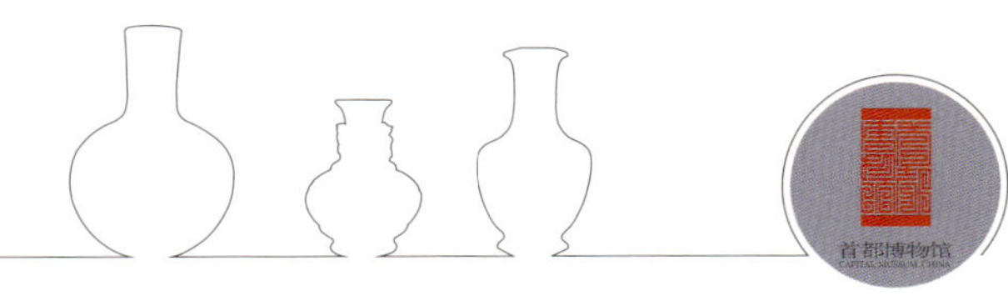

黄缎地平金五彩缉线绣氅

清康熙

长 138 厘米 宽 182 厘米

1991 年入馆收藏

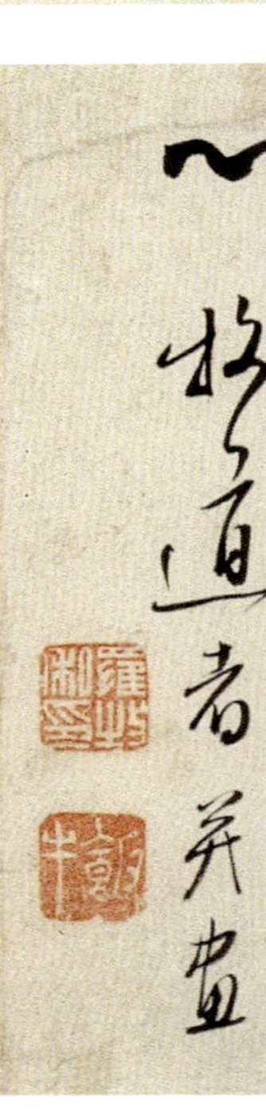

竹石图

清康熙 · 罗牧 / 纸本

纵 24 厘米 横 178 厘米

钤印：罗牧私印 饭牛

钱基博题跋

1983 年入馆收藏

罗牧（1622—1705），字饭牛，号云庵、牧行者、竹溪。江西省宁都县钓峰人。工书画，得魏书（石床）传授，又继承黄公望、董其昌画法。他不仅是清代著名画家，还是江西颇有盛誉的山水画家，曾被“扬州八怪”誉为“一代画宗”“江西画派英才”。他的画被康熙皇帝鉴赏，旌为“逸品”。当时江淮间画家，多受其影响。其画笔意空灵。

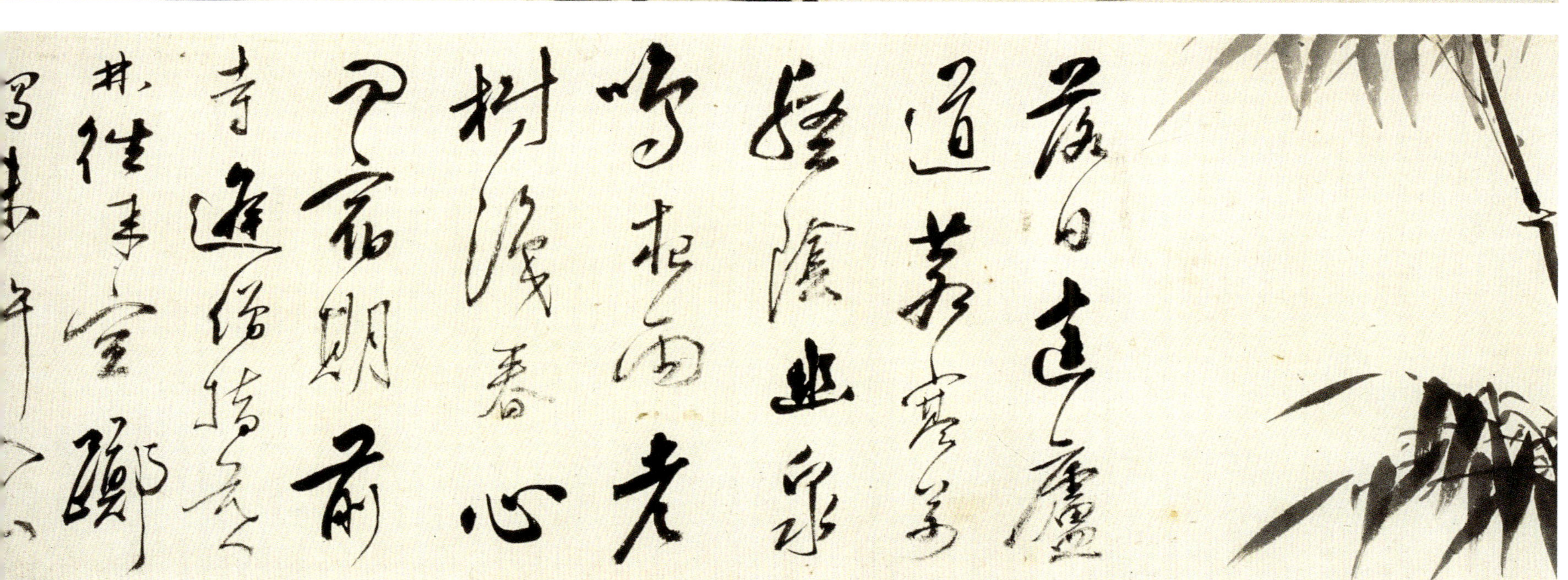

深山访友图

清康熙 · 吕犹龙 / 纸本设色

纵 103 厘米 横 46 厘米

款识：乙未初冬，吕犹龙制。

钤印：犹 龙 高其佩 意 新 自惭趾拙

高其佩题跋。

1983 年入馆收藏

吕犹龙，清朝官员，于 1718 年担任福建巡抚，主要从事福建之军政事务，品级约为二品。

此幅山水作品为吕犹龙画，创作年代为乙未年即 1715 年。

金刚演法图卷

明万历 · 吴彬 / 纸本设色

纵 30 厘米 横 101.5 厘米

尤荫题识：金刚演法图。杖隐头陀吴彬文中父所绘真迹神品也。嘉庆乙丑谷雨前二日，水村学人尤荫识。

钤印：尤荫、贡夫

鉴藏印：御赐清韵堂、正气斋鉴赏印、嵋阳苏氏珍藏、正气斋、尧峰楼刘氏元农珍藏书画印、铁阁心赏、水邨居士、苏氏伯安珍藏、二十四琴书屋主人考定、云龙旧衲。

卷首翁方纲题：《金刚演法图》，明，吴文中绘，北平，翁方纲题。钤印：覃溪

卷尾皇十一子永瑆题《般若波罗蜜多心经》，钤印：皇十一子印章、治晋斋印

后跋为德林书 钤印：德林

1983 年入馆收藏

尤荫（1732—1812），清代画家，字贡父，一作贡夫，号水村。吴彬，字文仲，闽人。生卒年不详。善山水，人物佛像。吴彬的创作时间大约在 1583— 1626 年。

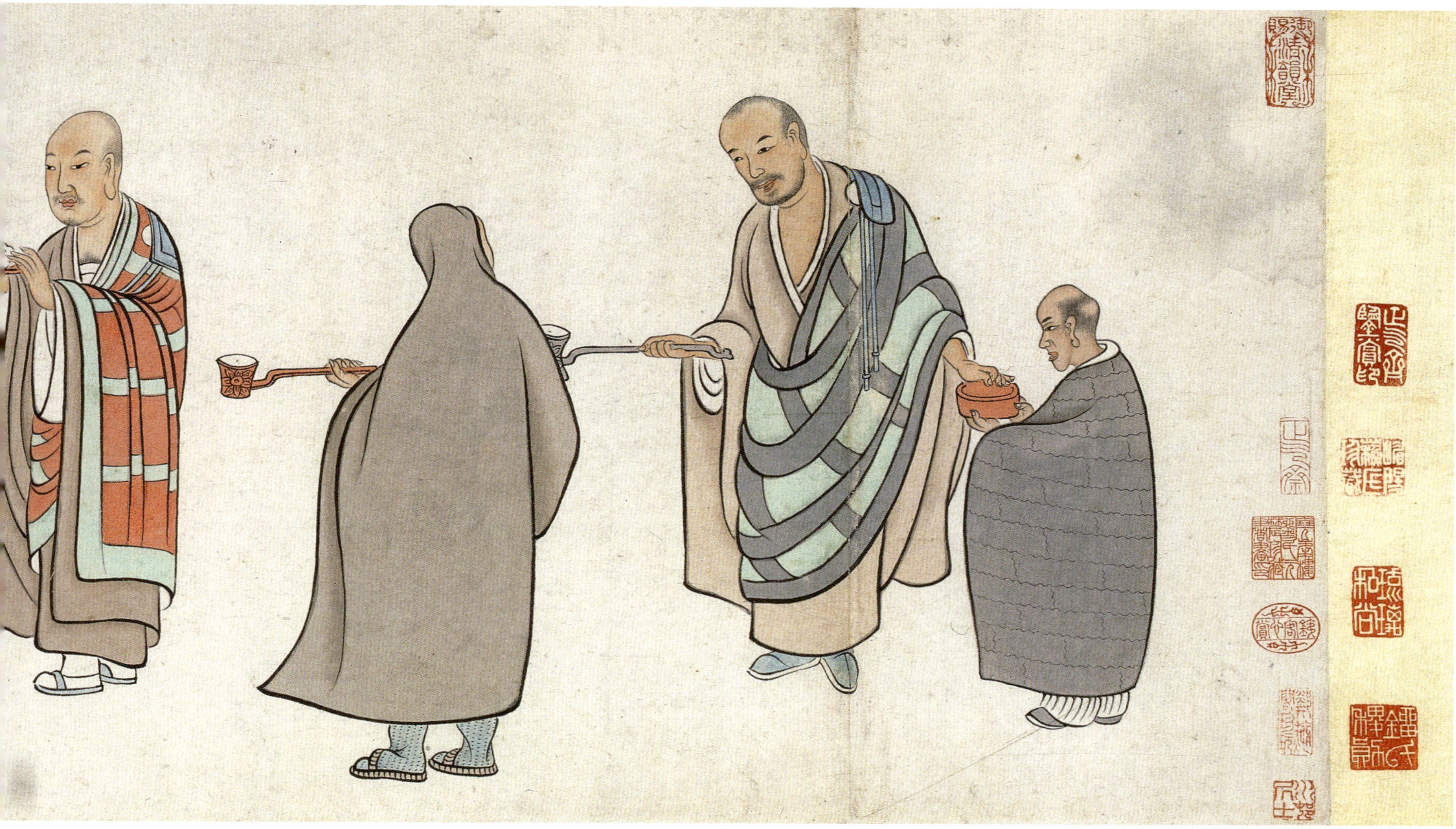

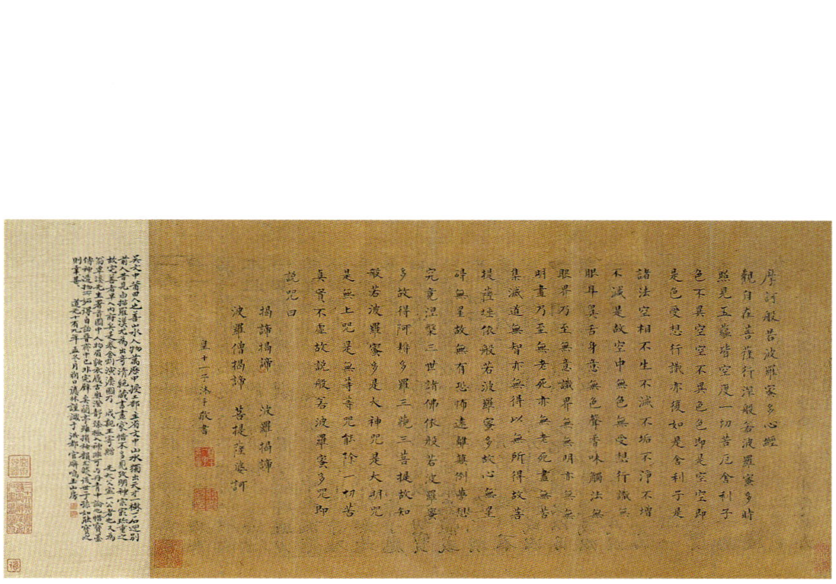

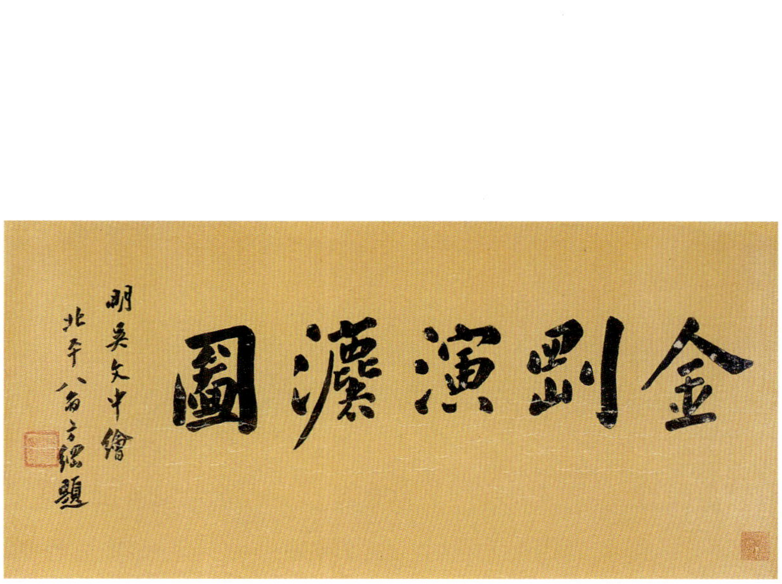
金剛演灋圖
明吴文中繪

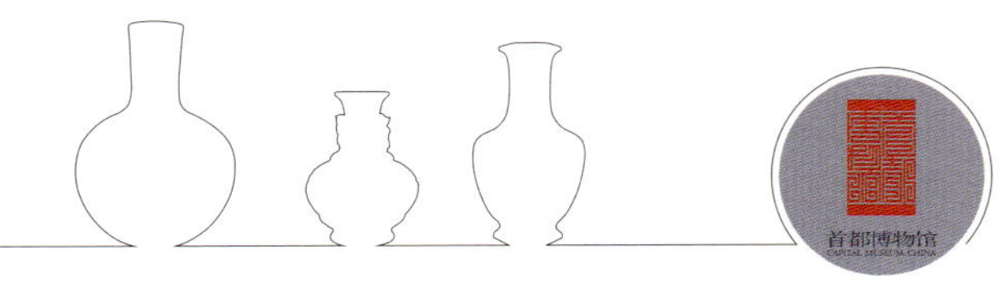

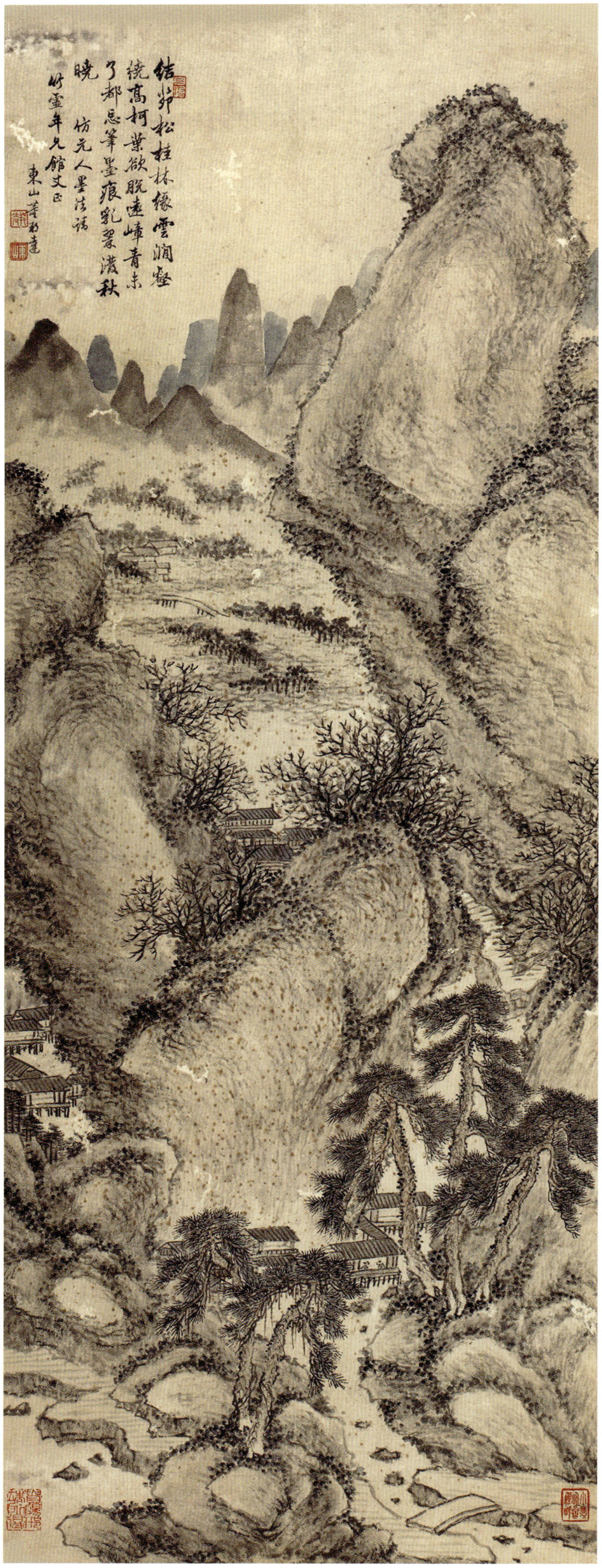

山水

清·董邦达 / 纸本设色

纵 88 厘米 横 32 厘米

款识：竹灵年兄馆丈正。东山董邦达。

钤印：东山 邦达

1983 年入馆收藏

董邦达（1696—1769），字孚闻、非闻，号东山，浙江富阳人。雍正十一年（1733）进士，乾隆二年（1737）授编修，官礼部尚书。好书、画，篆、隶得古法，山水取法元人，善用枯笔。其风格在娄东、虞山派之间。与董源、董其昌并列。

鹿

清 · 任伯年 / 纸本设色

纵 128 厘米 横 64 厘米

款识：光绪壬午冬十一月，山阴任颐任伯年甫写于沪上寓斋。

钤印：任颐

1983 年入馆收藏

任颐 (1840—1896)，字伯年，浙江山阴航坞山（今浙江萧山瓜沥镇）人，清末画家。儿时随父学画，14 岁到上海，在扇庄当学徒，后以卖画为生。所画题材，极为广泛，人物、花鸟、山水、走兽无不精妙。他的画用笔用墨，丰富多变，构图新巧，创造了一种清新流畅的独特风格。

齊陽罍
子何補圖

巴蜀胜游图

民国 · 黄宾虹 / 纸本

纵 107 厘米 横 44 厘米

款识：丙戌宾虹并识。

钤印：黄宾虹 黄山山中人

1983 年入馆收藏

钟鼎插花图

民国 · 黄宾虹 / 纸本设色

纵 97 厘米 横 57 厘米

款识：齐阳甏，予向补图。

钤印：黄宾虹

1983 年入馆收藏

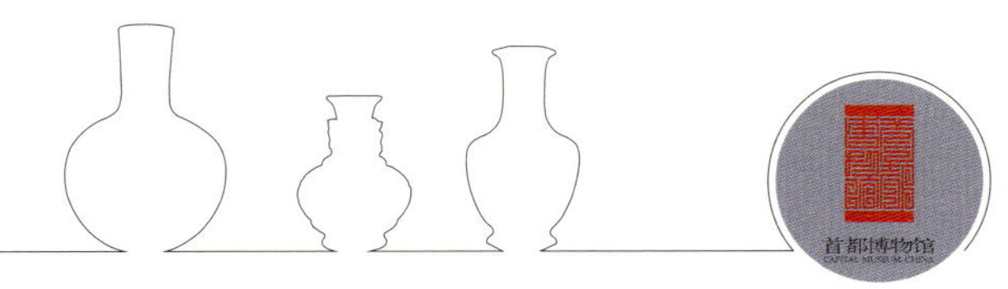

渔樵问答图

民国 · 吴昌硕 / 纸本

纵 127 厘米 横 52 厘米

款识：戊午五月，吴昌硕年七十又五。

钤印：吴俊之印 吴昌石

1983 年入馆收藏

吴昌硕（1844—1927），原名俊，字昌硕，别号缶庐、苦铁、老缶、缶道人等，浙江湖州人。晚清民国时期著名国画家、书法家、篆刻家，与任伯年、蒲华、虚谷齐名为“清末海派四大家”。

达摩

民国·王震 吴昌硕 / 纸本设色

纵 130 厘米 横 61 厘米

款识：观津先生六十大寿写此祝之。时乙卯秋八月，白龙山人王震。

乙卯秋仲吴昌硕题。

钤印：王震大利 一亭 苍石 缶道人

1983 年入馆收藏

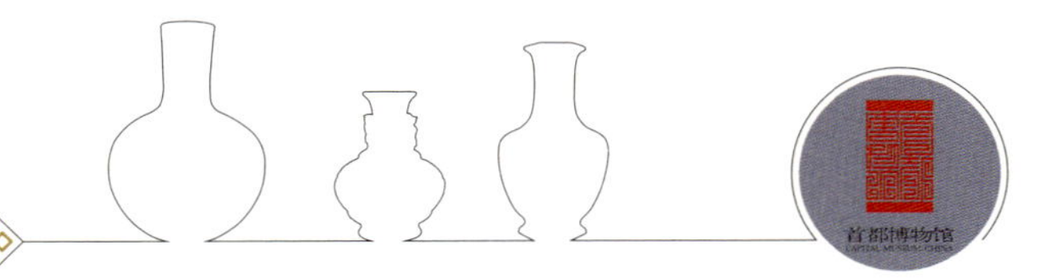

芭蕉书屋

近代·齐白石／纸本设色

纵 133.5 厘米 宽 66 厘米

款识：三丈芭蕉一万株，人间此景却非无。立身误堕皮毛类，恨不移家老读书。大涤子呈石头画题云：书画名传品类高，先生高出众皮毛。老夫也在皮毛类，一笑题成迅彩毫。白石山翁画并题记。

钤印：木居士 白石翁 老夫也在皮毛类

1983 年入馆收藏

齐白石（1864 — 1957），湖南长沙府湘潭（今湖南湘潭）人。原名纯芝，字渭清，号兰亭。后改名璜，字濒生，号白石、白石山翁、老萍、借山吟馆主者、寄萍堂上老人、三百石印富翁。擅画花鸟、虫鱼、山水、人物。笔墨雄浑滋润，色彩浓艳明快，造型简练生动，意境淳厚朴实。所作鱼虾虫蟹，天趣横生。齐白石书工篆隶，取法于秦汉碑版，行书饶古拙之趣，篆刻自成一家，善写诗文，是一位全才画家。

三丈芭蕉一萬株人間此景却非無立身誤隨皮毛類恨不移家老讀書
大滌子呈石頭畫題云書畫名傳品類高先生高出衆皮毛老夫也在皮毛類一笑題成迅綠毫白石山翁畫并題記

奔马

近代·徐悲鸿／纸本

纵 100 厘米 横 61 厘米

款识：撑宇贤兄教之。甲申初春，弟悲鸿。

钤印：东海王孙

1983 年入馆收藏

徐悲鸿（1895—1953），原名徐寿康，江苏宜兴市屺亭镇人。中国现代画家、美术教育家。曾留学法国学西画，归国后长期从事美术教育，先后任教于国立中央大学艺术系、北平大学艺术学院和北平艺专。1949 年后任中央美术学院院长。擅长人物、走兽、花鸟，主张现实主义，于传统尤推崇任伯年，强调国画改革融入西画技法，作画主张光线、造型。讲求对象的解剖结构、骨骼的准确把握，并强调作品的思想内涵，对当时中国画影响甚大，尤以奔马享名于世。

撑宇賢兄教之
甲申初春 悲鸿

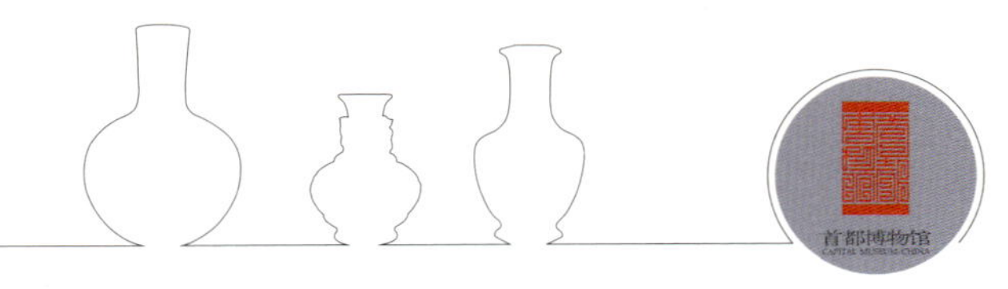

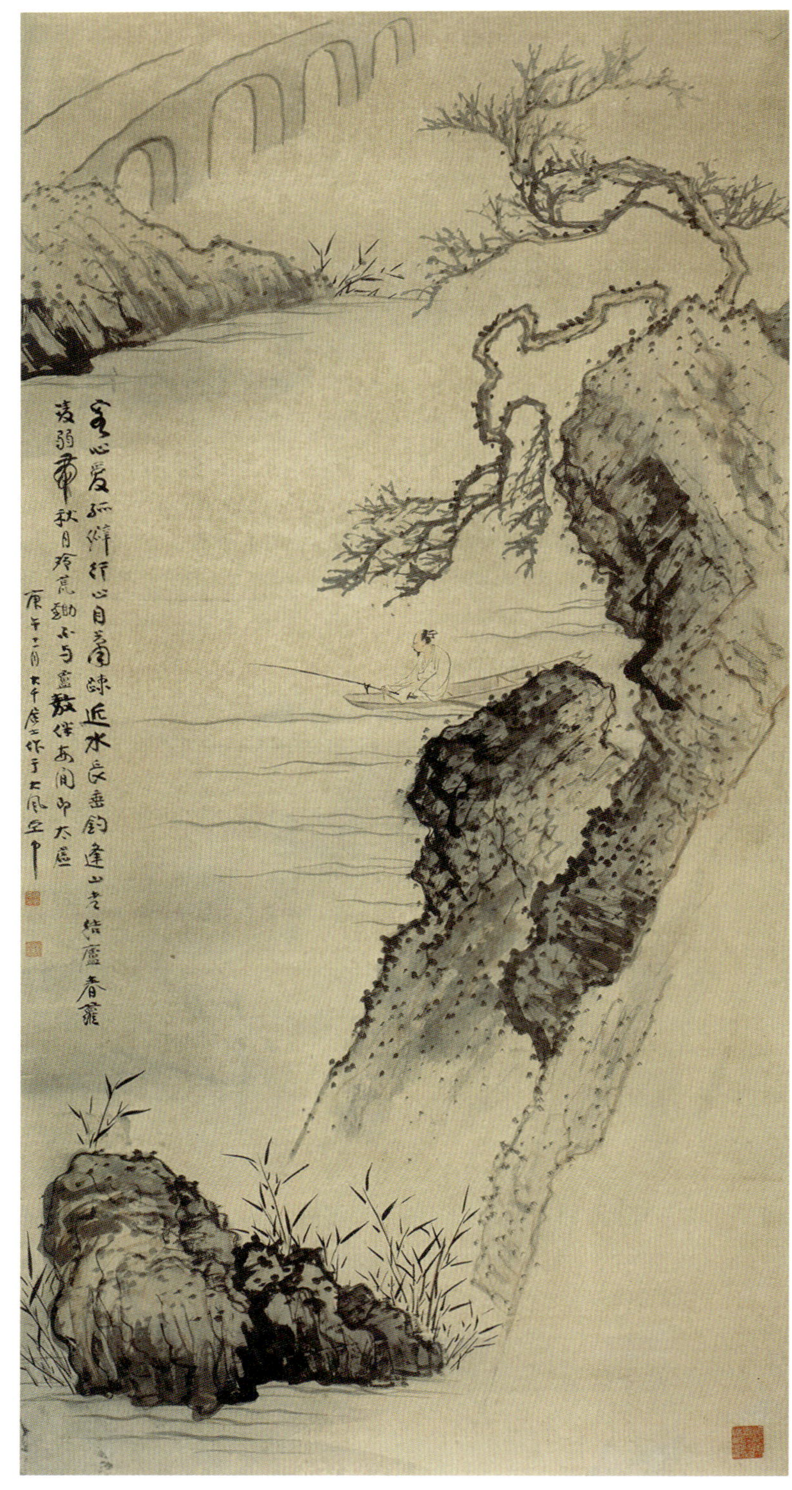

秋月垂钓

近代·张大千 / 纸本设色

纵 157.5 厘米 横 80 厘米

款识：客心爱孤僻，行止自萧疏。近水长垂钓，逢山老结庐。春萝凌弱带，秋月冷荒锄。不与庐敖伴，安闲即太虚。庚午二月大千居士作于大风堂。

钤印：张爰印 大千居士

1983 年入馆收藏

张大千(1899—1983)，原名张正权，又名爰，字季爰，号大千，别号大千居士，四川省内江市人。传说其母在其降生之前夜梦一老翁送一小猿入宅，所以他在 21 岁的时候改名猨，又名爰、季爰。后因为出家为僧，法号大千。

中郎授女图

近代 · 张大千 / 纸本设色
纵 146 厘米 横 46.5 厘米

款识：己卯春日写。蜀郡张爰。
钤印：张爰私印 大风堂 等
1983 年入馆收藏

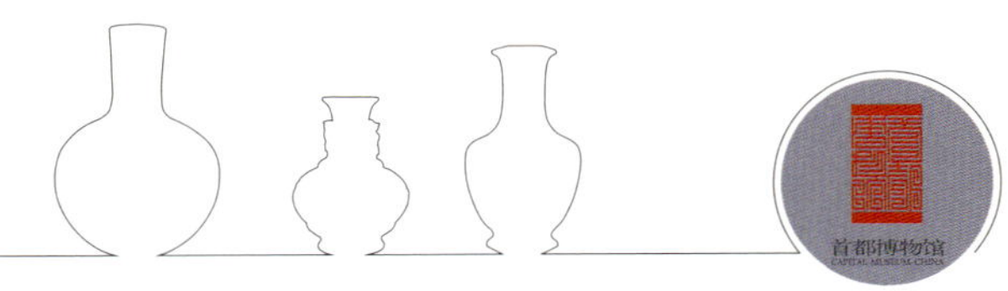

山花八哥

近代 · 张大千 / 纸本设色

纵 185 厘米 横 75 厘米

款识：仿道君皇帝笔。甲申花朝，蜀人张爰大千父试宋纸明墨。

钤印：张爰 爰居士

1983 年入馆收藏

宫装仕女

近代·张大千 / 纸本设色
纵 140 厘米 横 60 厘米

款识：（一）甲申十月听青城山中人话唐时崔生遇仙事写此，并拈小诗。大千居士。（二）竹修道兄法教。大千弟张爰。

钤印：张爰之印 大千

1983 年入馆收藏

佛說無量壽觀經卷

唐人写经卷《佛说无量寿观经》

唐／纸本

纵 26.5 厘米 横 681 厘米

1959 年入馆收藏

宋人写经卷《佛说无常经》

宋 / 纸本

纵 25.8 厘米 横 132.5 厘米

1959 年入馆收藏

佛說无常經　亦名三啓經

稽首皈依无上士　常起弘誓大悲心
為濟有情生死流　令得涅槃安隱處
大舍防非忍无倦　一心方便正惠力
自利利他悉圓滿　故号調御天人師
稽首皈依妙法藏　三四二五理圓明
七八能開四諦門　修者咸到无為岸
法雲法雨潤群生　能除熱惱蠲眾病
難化之徒使調順　隨機引道非強力
稽首皈依真聖眾　八輩上人能離染
金剛智杵破邪山　永斷无始相纏縛
始從鹿苑至雙林　隨佛一代弘真教
各稱本緣行化已　灰身滅智證无生
稽首總敬三寶尊　是謂正因能普濟
生死迷愚鎮沉溺　咸令出離證菩提

生者皆歸死　容顏盡變衰　強力病所侵　无能免斯者
假使妙高山　劫盡皆散壞　大海深无底　亦復皆枯竭
大地及日月　時至皆歸盡　未曾有一事　不被无常吞
上至非想處　下至轉輪王　七寶鎮隨身　千子常圍遶
如其壽命盡　須臾不暫停　還漂死海中　隨緣受眾苦
迴環三界內　猶如汲井輪　亦如蠶作繭　吐絲還自縛
无上諸世尊　獨覺聲聞眾　尚捨无常身　何況諸凡夫
父母及妻子　兄弟并眷屬　目觀生死隔　云何不愁歎
是故勸諸人　諦聽真實法　共捨无常處　當行不死門
佛教如甘露　除熱得清涼　一心應善聽　能滅諸煩惱

如是我聞一時薄伽梵在室羅伐城逝多林給孤獨園尒時佛告諸苾芻眾有三種法於諸世間是不可愛是不光澤是不可念是不稱意何者為三謂老病死汝諸苾芻此老病死世間无者如來應正等覺不出於世為諸眾生說所証法及調伏事是故應知此老病死於諸世間實不可愛實不光澤實不可念實不稱意由此三事如來應正等覺出現於

行书

明 · 董其昌 / 纸本

纵 375 厘米 横 80 厘米

款识：董其昌

1983 年入馆收藏

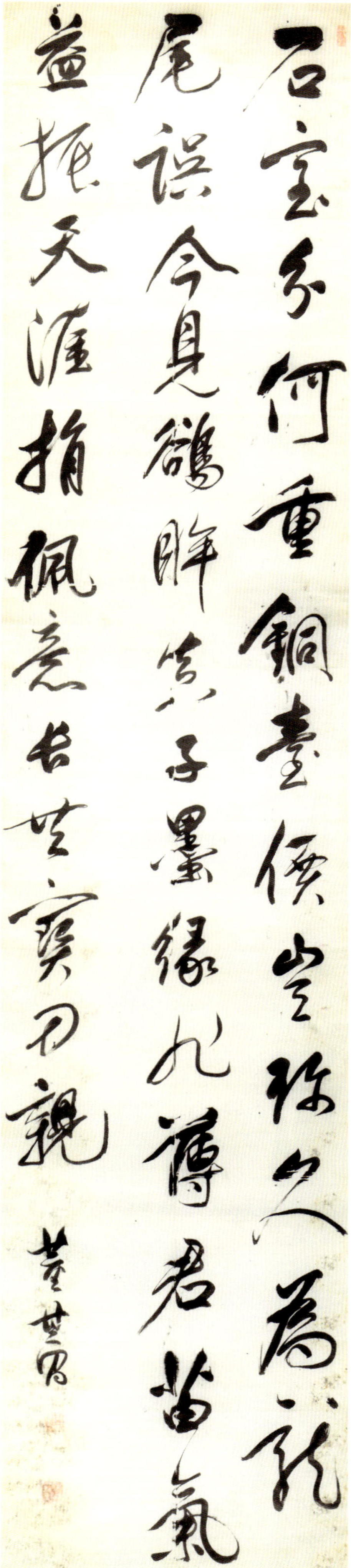

行书兰亭序

明 · 文徵明 / 纸本

纵 30.5 厘米 横 108 厘米

款识：辛亥春三月既望。徵明识。

钤印：文徵明印 贞山

题跋：长洲沈咸 钤印：稚咸

1983 年入馆收藏

沈咸，字稚咸，吴江人。

文徵明 (1470—1559)，原名壁，字徵明。42 岁起以字行，更字徵仲。因先世衡山人，故号衡山居士，世称“文衡山”，明代画家、书法家、文学家。长洲（今江苏苏州）人。生于明宪宗成化六年（1470），卒于明世宗嘉靖三十八年（1559），年 90 岁，官翰林待诏。

永和九年歲在癸丑暮春之初
會于會稽山陰之蘭亭脩禊事
也羣賢畢至少長咸集此地有
崇山峻嶺茂林脩竹又有清流
激湍暎帶左右引以為流觴曲
水列坐其次雖無絲竹管絃之
盛一觴一詠亦足以暢叙幽情
是日也天朗氣清惠風和暢仰
觀宇宙之大俯察品類之盛所
以遊目騁懷足以極視聽之娛
信可樂也夫人之相與俯仰
一世或取諸懷抱悟言一室之
內或因寄所託放浪形骸之
外雖趣舍萬殊靜躁不同當
其欣於所遇蹔得於己快然
自足不知老之將至及其所之
既惓情隨事遷感慨係之矣
向之所欣俛仰之間以為陳迹
猶不能不以之興懷況脩短隨
化終期於盡古人云死生亦大
矣豈不痛哉每攬昔人興感
之由若合一契未嘗不臨文嗟
悼不能喻之於懷固知一死生
為虛誕齊彭殤為妄作後之
視今亦由今之視昔悲夫故列叙
時人錄其所述雖世殊事異所
以興懷其致一也後之攬者亦
將有感於斯文

壬戌曾曉道文敏蘭

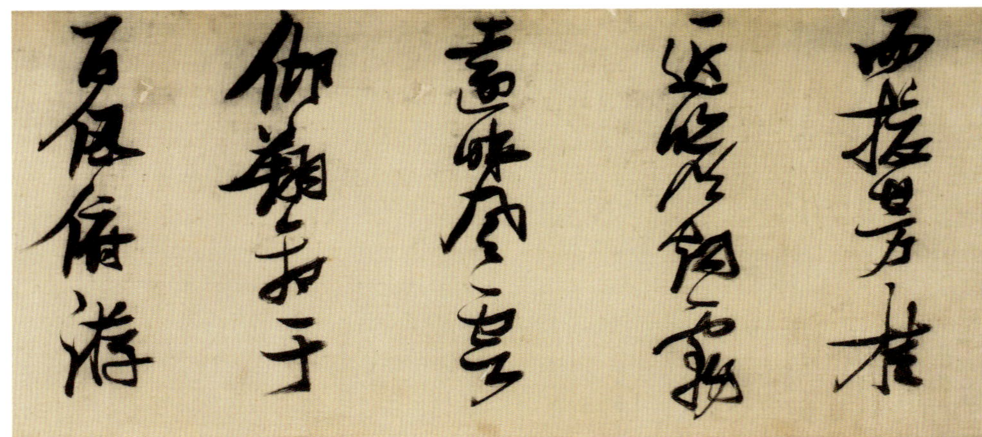

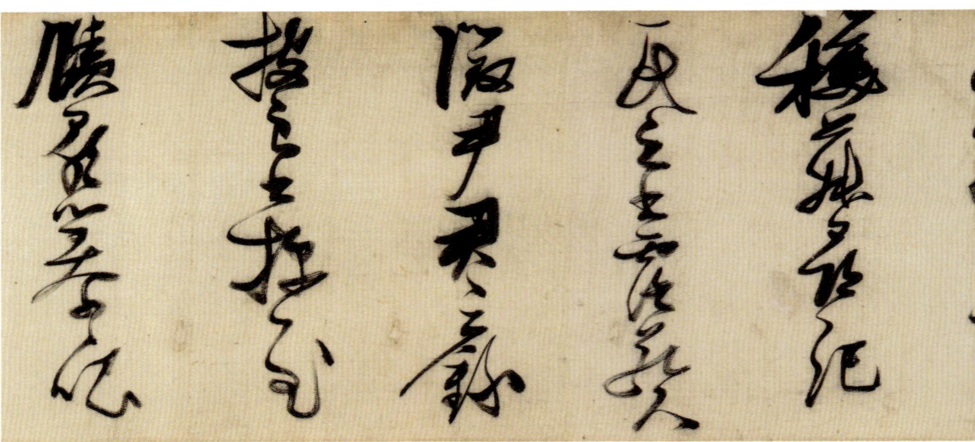

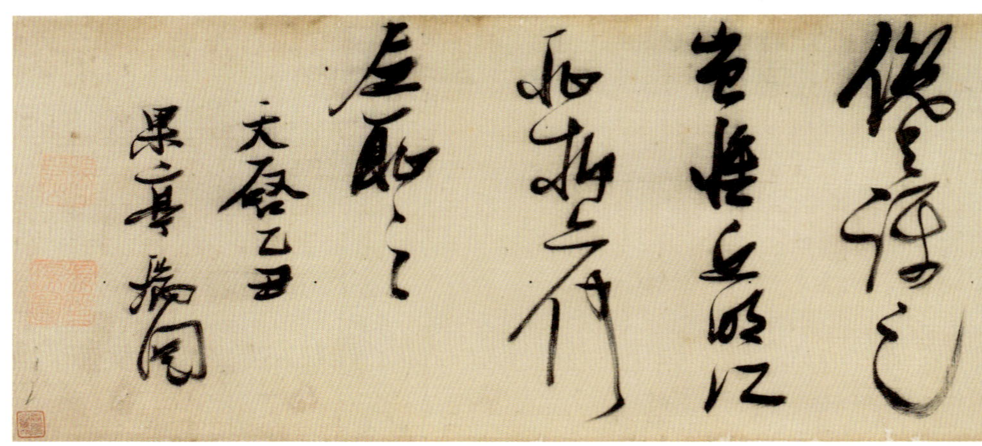

草书言志书卷

明 · 张瑞图 / 纸本

纵 25 厘米 横 484 厘米

款识：天启乙丑，果亭瑞图。

钤印：张瑞图印 张长公

1983 年入馆收藏

张瑞图（1570—1644），字长公、无画，号二水、果亭山人、芥子、白毫庵主、白毫庵主道人等。万历三十五年（1607）进士第三（探花），授翰林院编修，后以礼部尚书入阁，晋建极殿大学士，加少师。

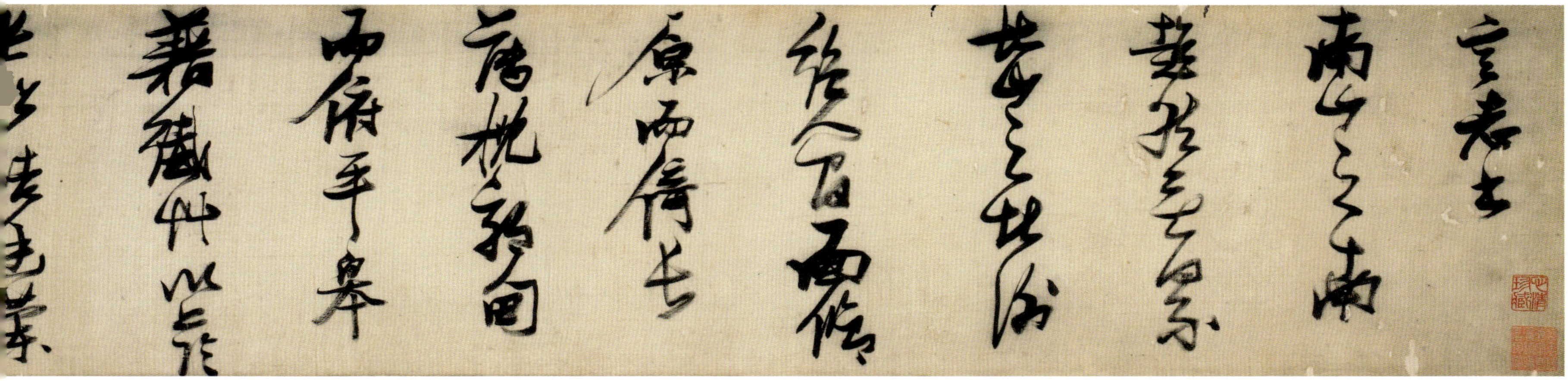

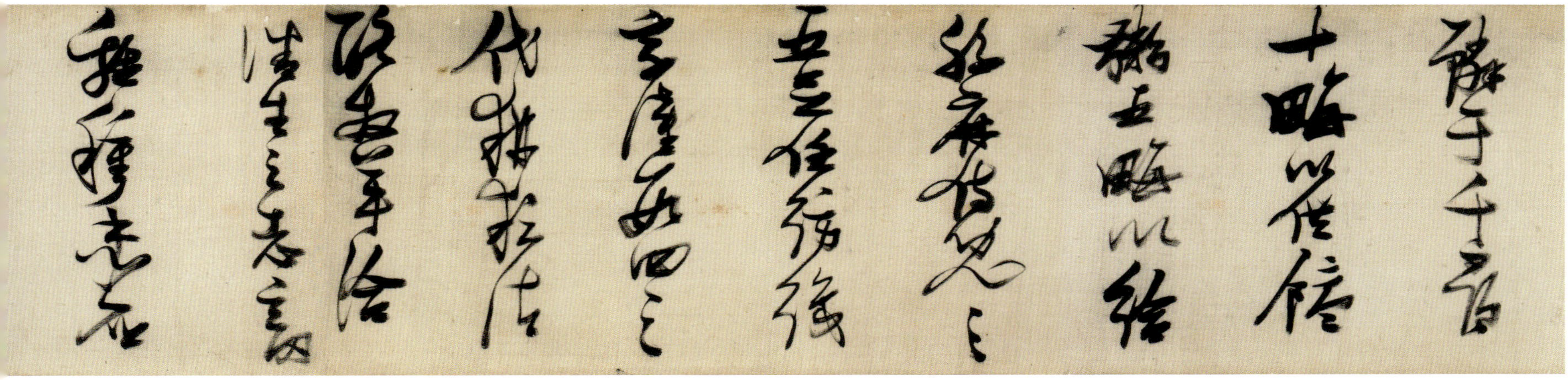

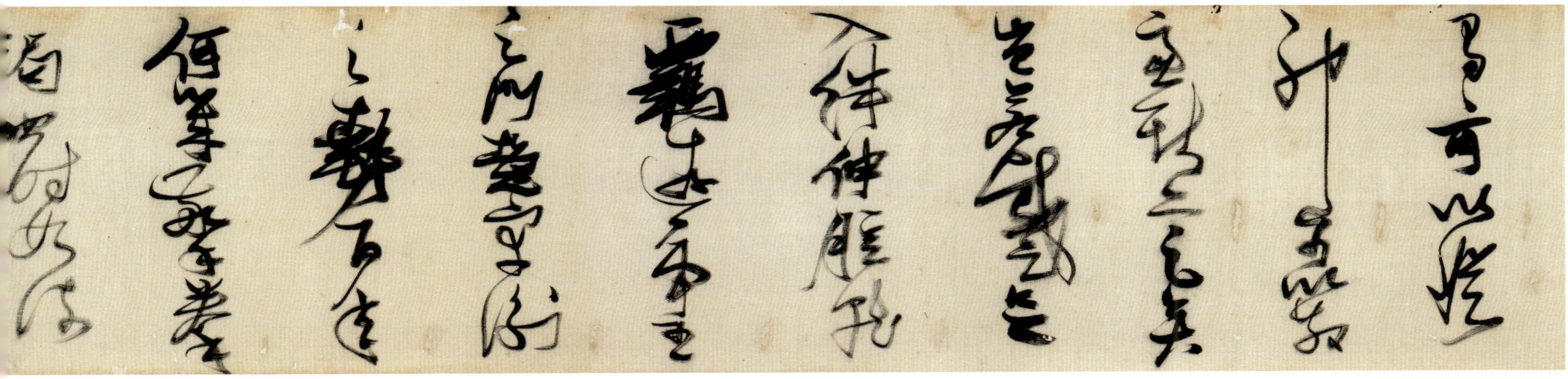

草书陪泰折坛册

清初·王铎／纸本（十二开）
纵 26.5 厘米 横 15.5 厘米

款识：王铎
钤印：王铎之印 烟潭渔叟
题跋：伊秉绶 钤印：伊秉绶
1983 年入馆收藏
王铎（1592—1652），字觉斯，号嵩樵，又号痴庵，别署烟潭渔叟。孟津（今河南孟津）人。

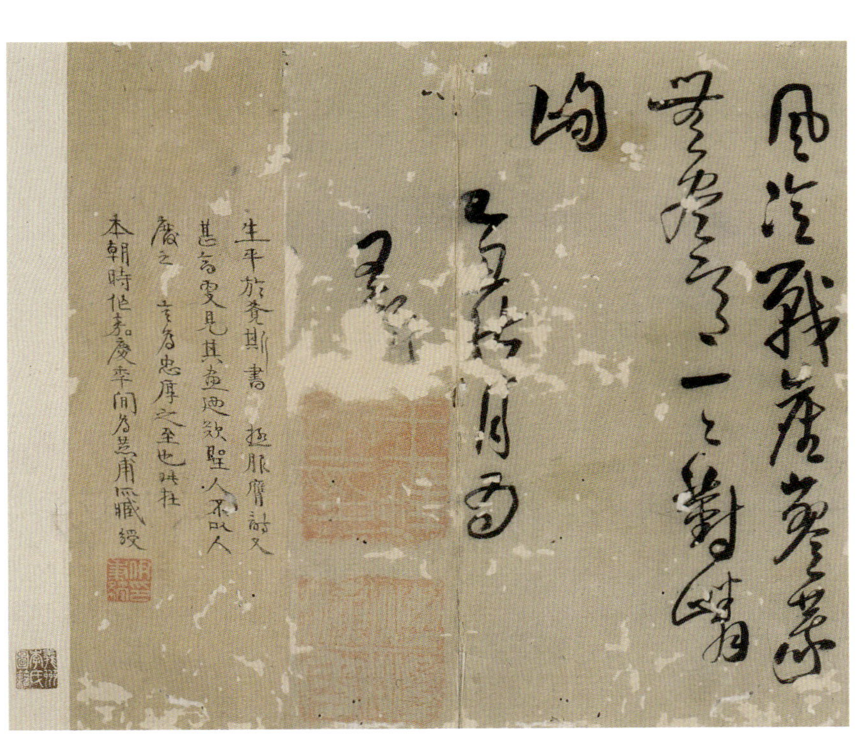

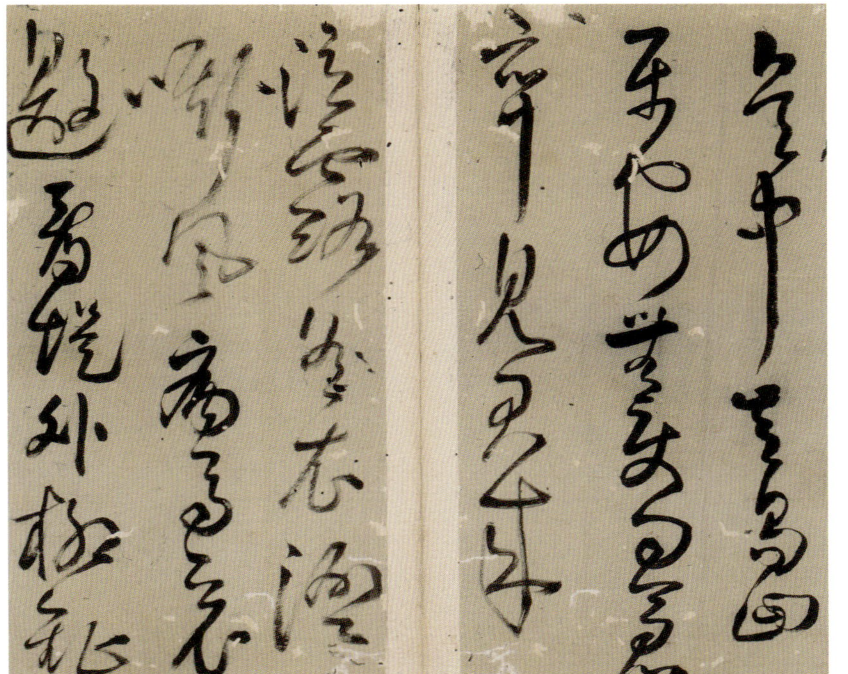

首都博物馆

郦道元注济水

清初·王铎／纸本

纵 249 厘米 横 55 厘米

款识：伯应老词宗 王铎

钤印：王铎之印

1983 年入馆收藏

單椒秀澤不連陵以自高帝平桀立
孤峯特拔以刺天青崖翠發望同點
黛

酈道元注瀔水

伯雁大老詞宗 王鐸

首都博物馆

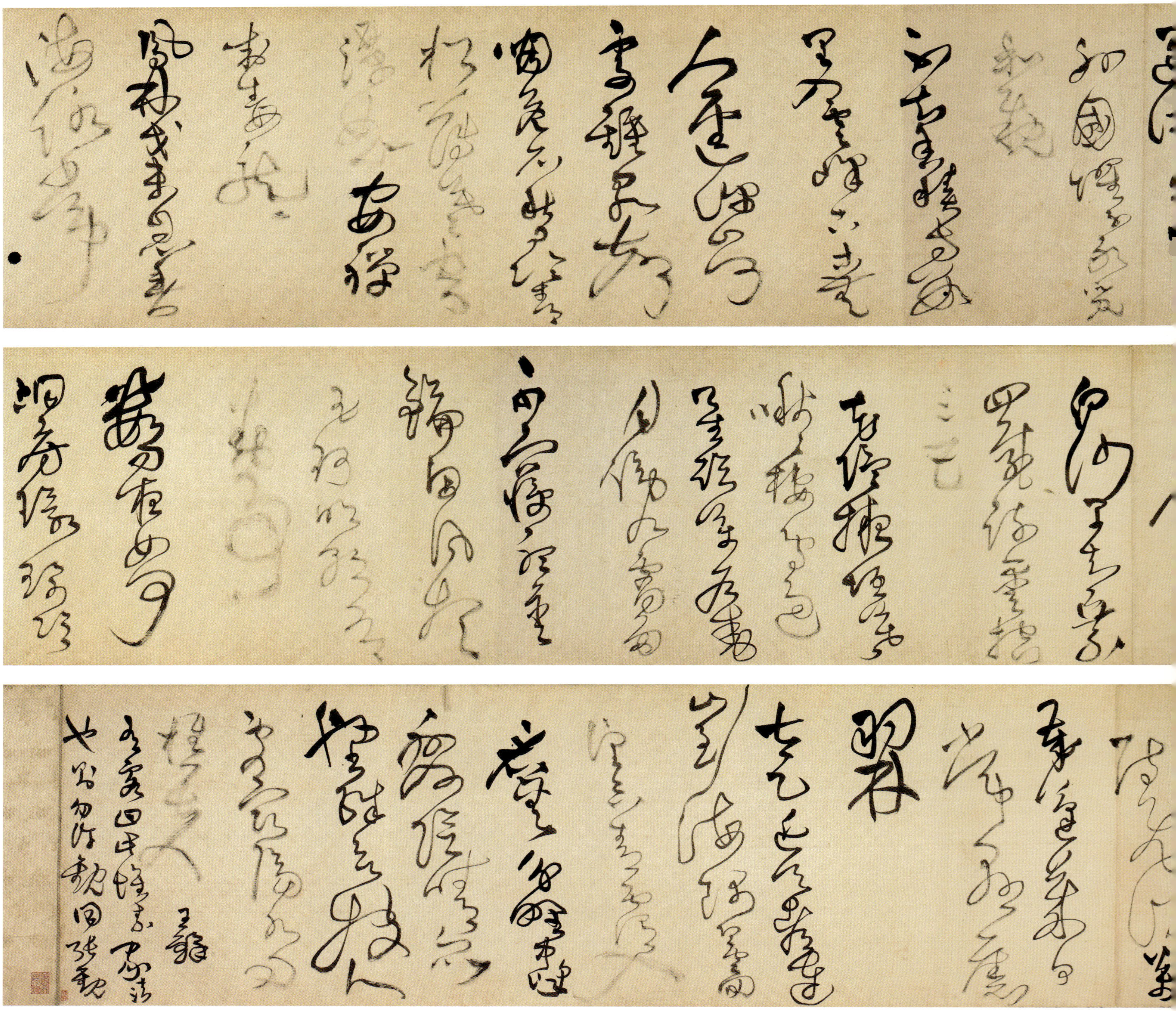

草书唐诗九首卷

清初 · 王铎 / 纸本

纵 34.5 厘米 横 654 厘米

款识：有客曰，此怀素家法也，则勿许观，同张观。王铎。

1987 年入馆收藏

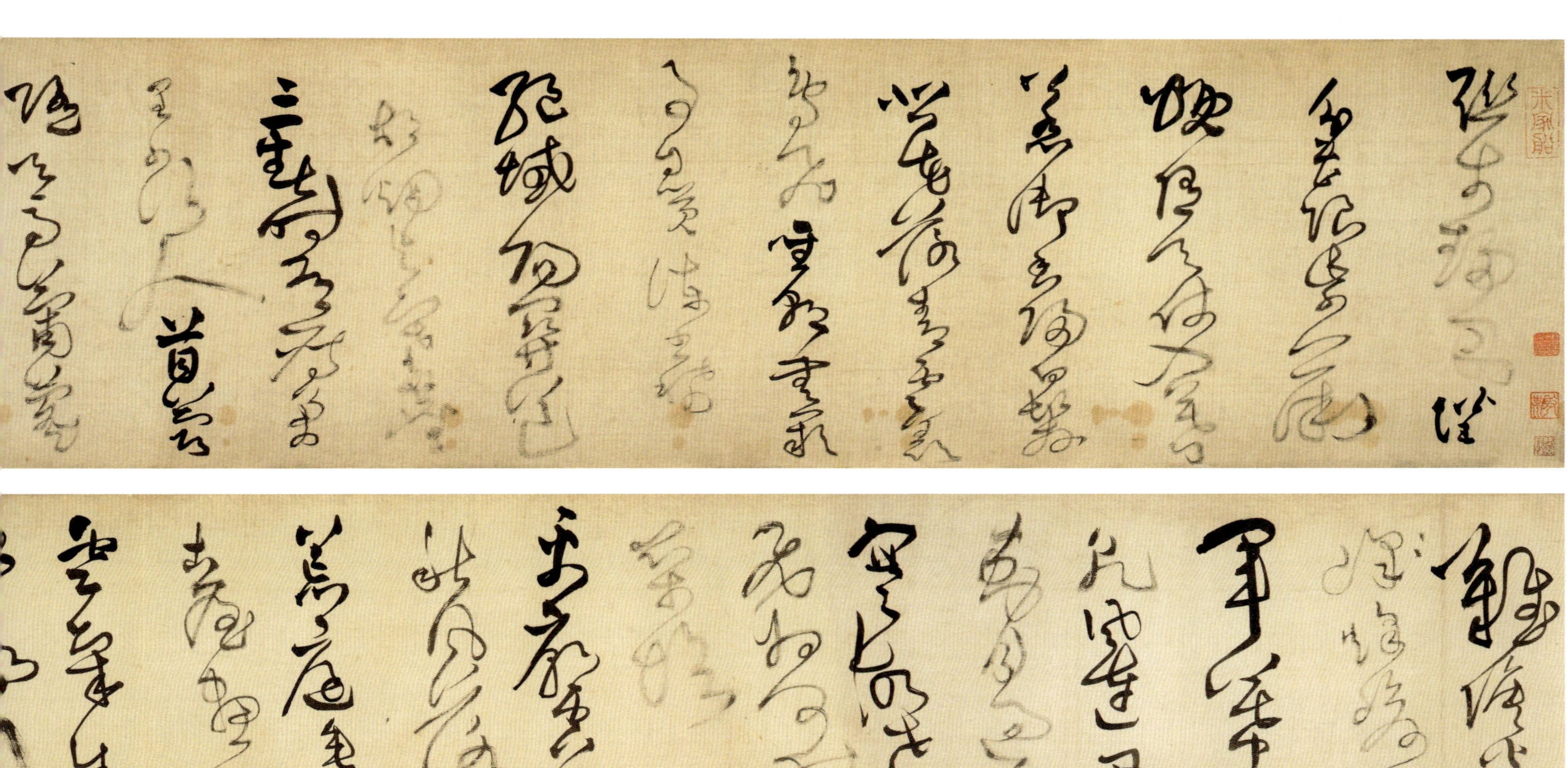

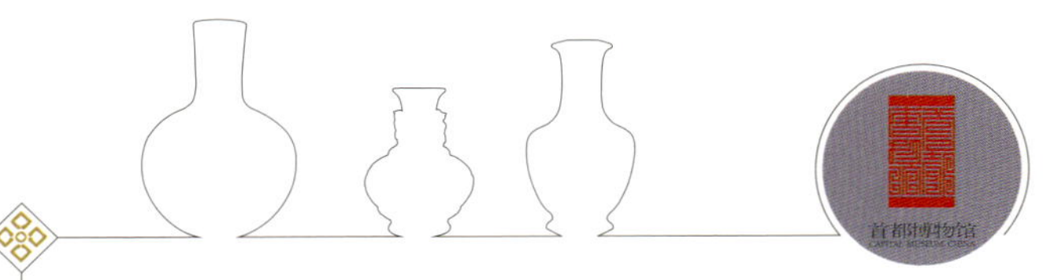

草书

清雍正·胤禛/绢本

纵157厘米 横67.5厘米

款识：雍正己酉偶题。

钤印：朝乾夕惕 雍正宸翰

1989年入馆收藏

雍正，爱新觉罗·胤禛（1678—1735），清代第五世皇帝，世祖康熙皇帝第四子，也是清王朝入关后，君临天下的第三代皇帝。胤禛诚信佛教，工于心计，性格刚毅，处事果断。

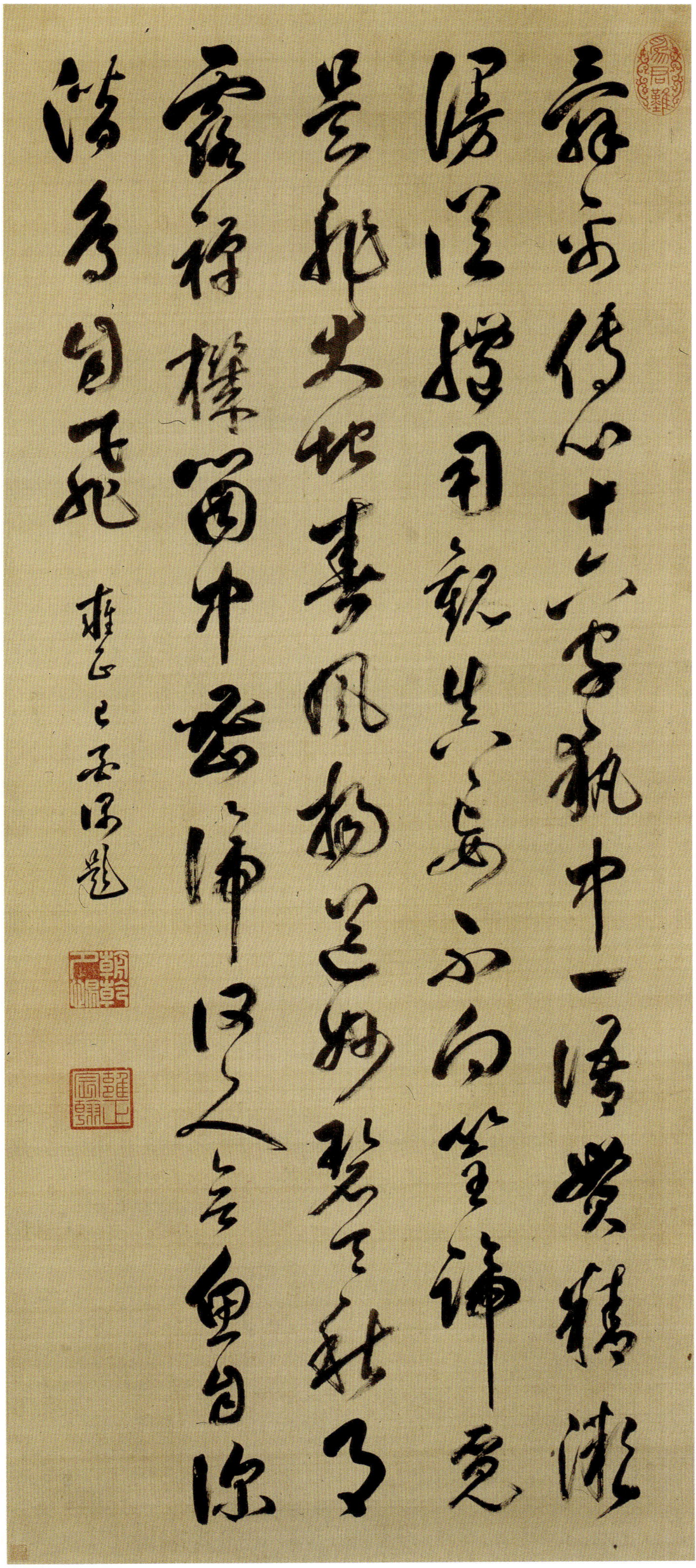

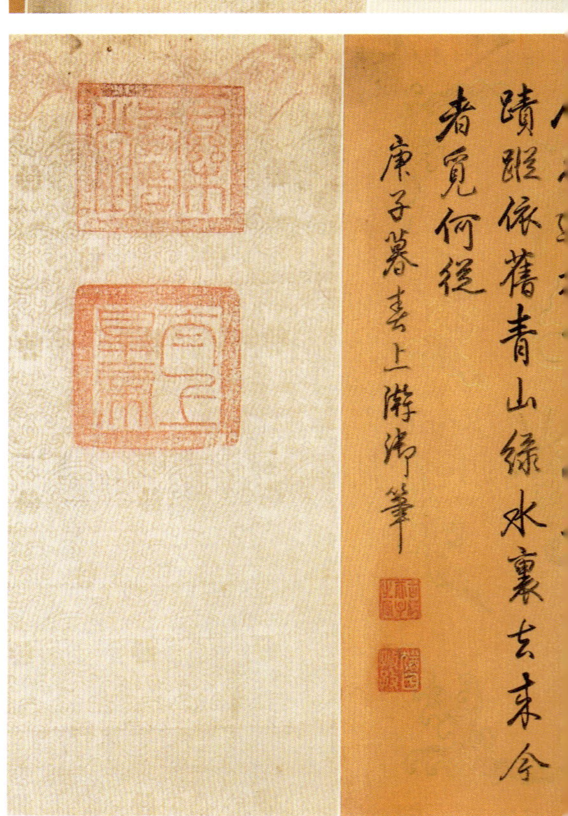

行书龙井八咏诗卷

清乾隆·弘历 / 笺本

纵 34 厘米 横 89 厘米

款识：庚子暮春上澣御笔。

钤印：乾隆宸翰 石渠宝笈所藏 五福五代堂古稀天子宝 八徵耄念之宝 太上皇帝等

1983 年入馆收藏

乾隆，爱新觉罗·弘历（1711—1799），清高宗，年号乾隆，工诗，善书画，每游历一处，多作诗纪胜。御书刻石，其书学赵孟頫圆润秀逸。

會心三過

龍井八詠
過溪亭
不過原來有溪在過兩非覺非
溪無前三〻後三〻老應笑今
朝又過吾
滌心沼
泉能為滌心為所心所泉能兩
執真破起羅村作轉語滌之一
字屬何因
一片雲
雲依石則石為主石以雲斯雲
作賓箇裏由來無定法打成一
片是何人
風篁嶺
橫嶺界分南北雲篔當夾路翠
氤氳經過不覺衣裳溼清籟猶
從天半聞
方圓菴
述古何須稱羅村笠菴聊爾與
緋細天圓為覆地方载試問維
能出此哉
龍泓澗
乳竇淙〻出石罅石欄圍處作
天池適來吞口看飛瀑誰識灣
從勝處斯
神運石
傑立昂然以偉人運來聞說力
由神東坡被服夫子者不語可
曾此辯真

洛神赋 玉版十三行

宋·王献之 / 刻石，初拓

纵 29.2 厘米 横 26.8 厘米

1983 年入馆收藏

王献之（344—386），字子敬，山东临沂人。古代著名书法家，与其父王羲之并称“二王”。其所书小楷《洛神赋》传至唐代已残缺，仅剩十三行，因此有“十三行”之称。“十三行”墨迹在元代时已失传，后世只有刻本流传。此为“碧玉版”刻本，俗称“玉版十三行”。

拓片

原石

初拓三希堂法帖

清乾隆 / 纸本

尺寸不一 32 卷

1983 年 6 月入馆收藏

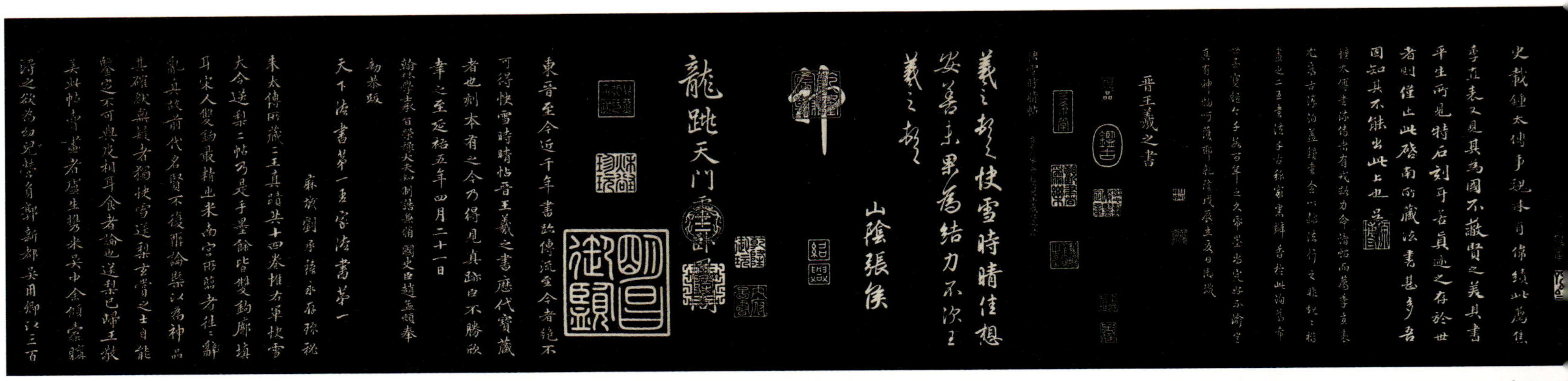
晋王羲之書
龍跳天门
山陰張侯

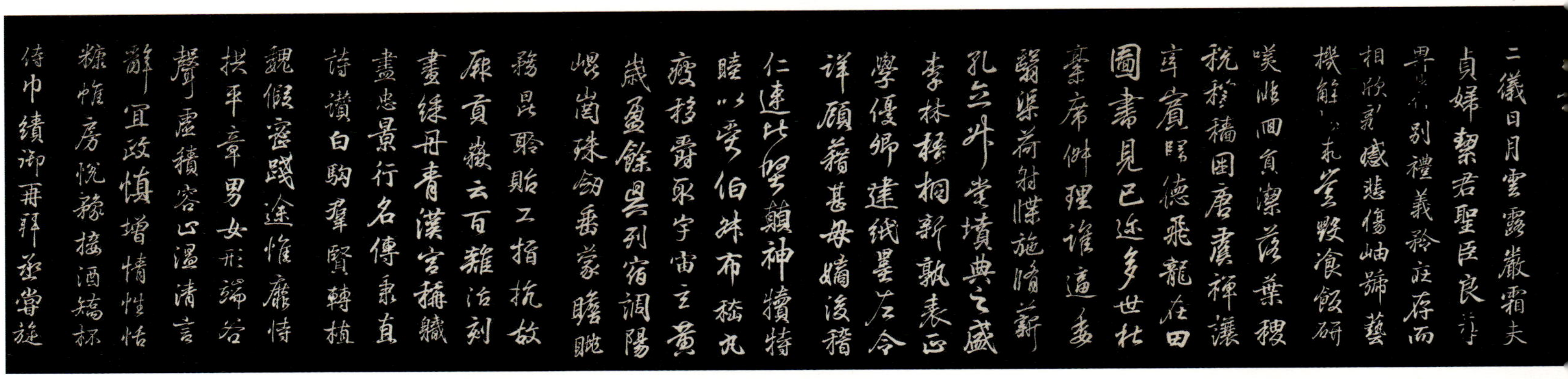

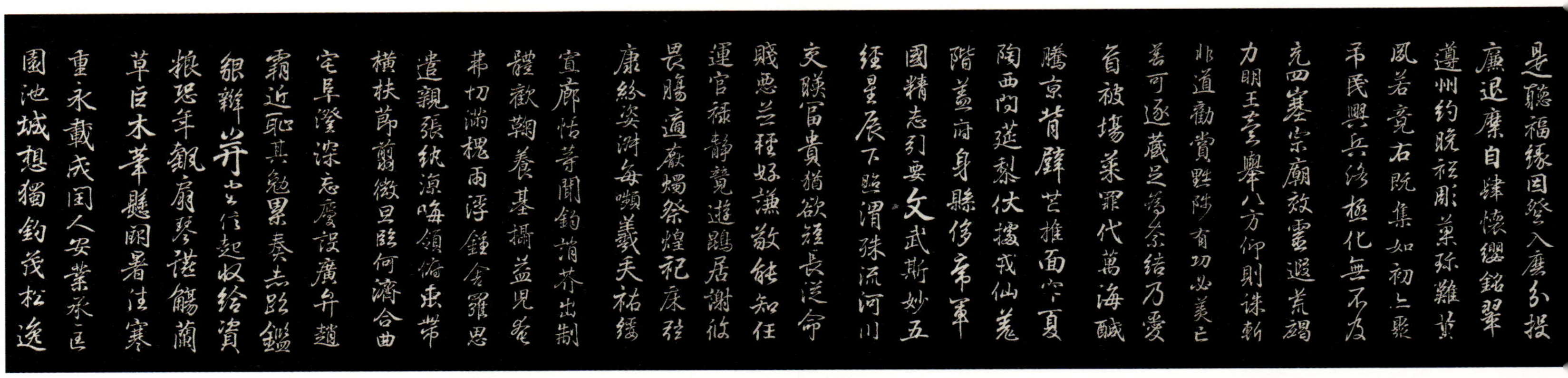

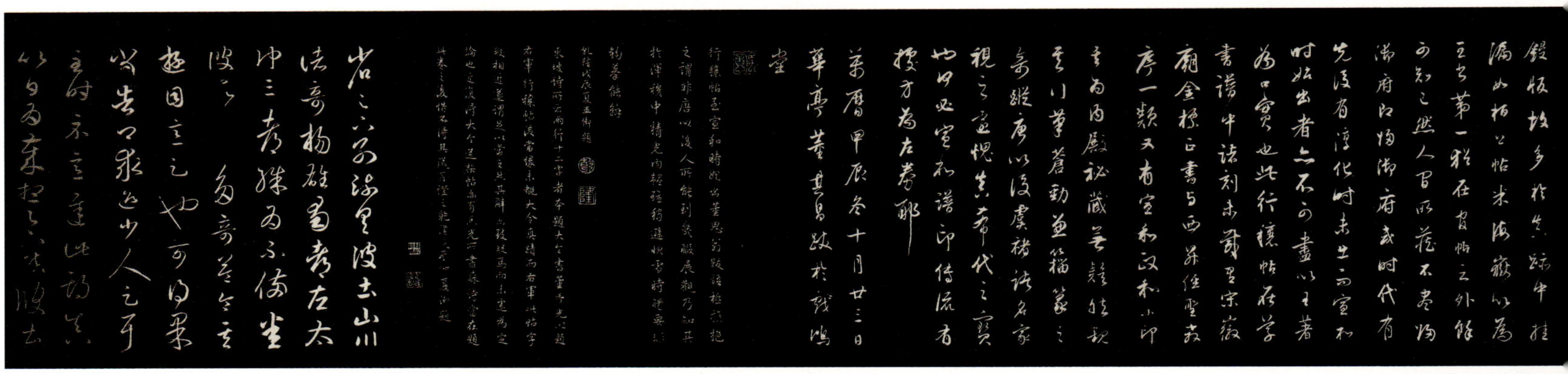

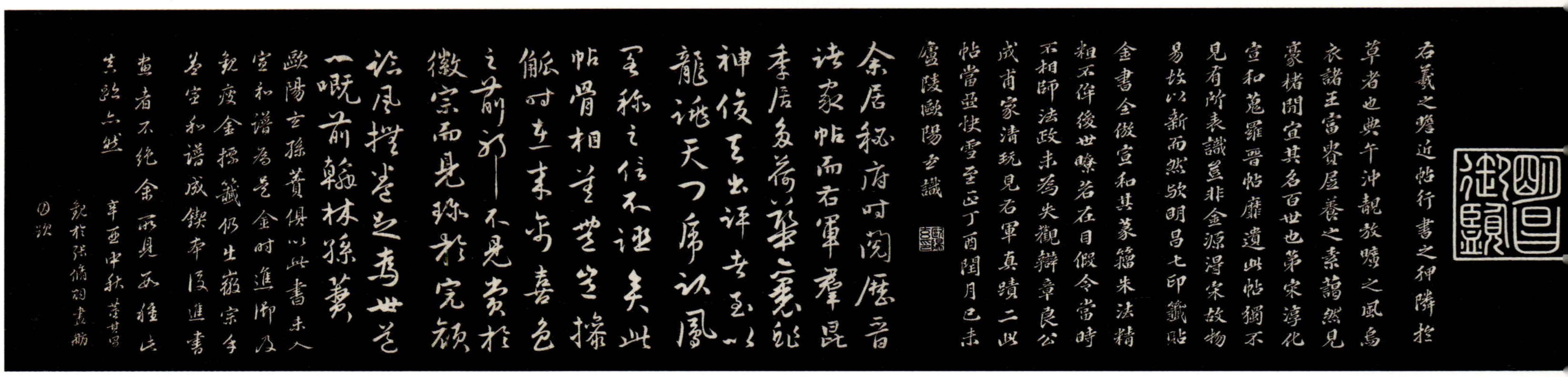

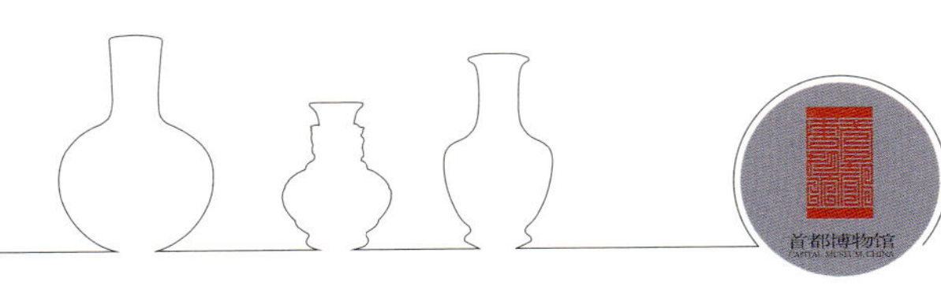

魏鍾繇書

御刻三希堂石渠寶笈法帖第一冊

乾隆十二年幾月御筆

魏太尉鍾繇千字文右軍

长沙帖

明

纵 31.5 厘米 横 29.3 厘米

1992 年入馆收藏

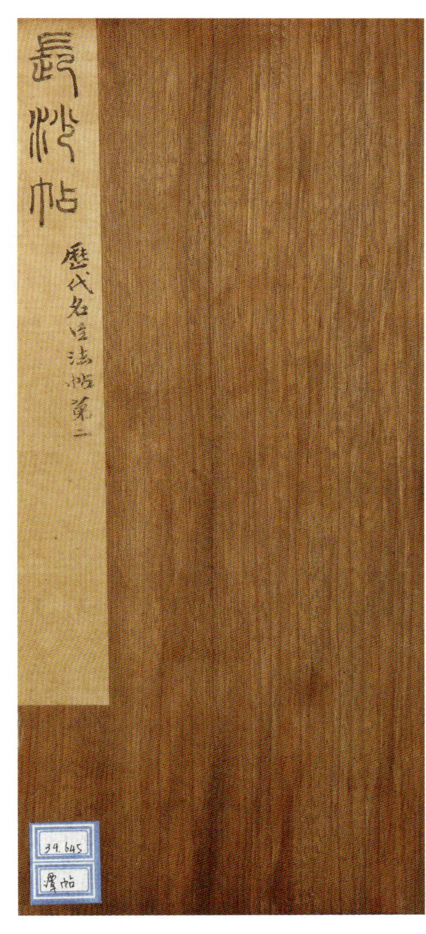
長沙帖
歷代名臣法帖第二

長沙帖
丁
据張無夜跋此簽題篆書李君實太僕筆也

不以是想府小缘心吝啬小九

臣繇言：戎路兼行，履险冒寒。臣以无任，不获从征，企伫悁悁，情无有宁。舍（今）日，长史逯充宣示令命，知征南将军运田单之奇，厉愤怒之众，与徐晃同势，并力扑讨，表里俱进，应时克捷，馘灭凶逆。贼帅关羽，已被矢刃，傅方反覆，胡修背恩。天道祸淫，不终厥命。奉闻嘉憙，喜不自胜。望路欢笑，踊跃逸豫。臣不胜欣庆，谨拜表因便宜上闻。臣繇诚惶诚恐，顿首顿首，死罪死罪。

建安廿四年闰月九日南蕃东武亭侯臣繇上

所示报权疏，曲折得宜，神圣之虑，非今臣下所能有增益。昔与文若奉事先帝，事有数者，有似于此，粗表二事，以为今者事势，尚当有所依违。愿君思省，若以在所虑，可不须复貌。节度唯君，恐不可采，故不自拜表。

繇白：昨疏还示，知忧虞复深，遂积疾苦，何乃迺

耶？盖张乐于洞庭之野，鸟值而高翔，鱼闻而深潜，岂丝竹之响，云英之奏非耶？此所爱有殊也。

迺异君能审已而恕物，则常无所结滞矣。钟繇白。

白骑遂内书，不俟车驾，计吴人权道，

情怀急切，当以时有待，取伏罪之言，甚

远怀，逼增伤悴。每见范母子，衣谕使人情悲。

吴青州刺史皇象书

文武将队，乃宜得秀才。恩象白：王羽、董子、要古、识子不成之才，昭国家威武，当七十余守之。事请人，日以磨如锋刃，亦一子于三之地。

弟常患常羸，顷遇寒进口物，多少新妇动止仰人。

二日，繇白：雪寒想胜常，得张侯书，贤从帷帐之悼，甚哀伤，不可言。疾患自宜量力，不复一一。繇白。

冒长风书，云此幽隔世年，心想平昔，常

尚缘见，可居处抽裂，不能自胜。

谢书，二日安厝，即其情事，长毕者矣。

收萦顾恸，哀情顿泄，其难为言。都

还来，卜聊友中郎相见。

晋丞相王導書

晋丞相張華書

晋丞相桓温書

晋中书令王洽书

晋丞相王敦书

晋司徒王珉书

晋侍中王廙书

晋司徒王珣书

晉太宰高平郗鑒書

鑒頓首頓首災禍無常奄喪澌難

念孝性攀慕煢剝不可堪勝奈

何奈何望遠未緣敘豈以增酸楚

首頓首

晉侍中郗愔書

九月七日愔報

臣廙言臣……誠惶頓首

首死罪死罪

臣廙言臨表不宣奉賜手詔伏承聖體勝常以慰

下情不審當昔……何如承鄭夫人……

伏惟哀也……聖心謹附承動靜臣廙言

七月十三日……

晉中書郎郗超書

超言遠近無他說為異問者寔虚

耳……

晉尚書令衛瓘書

六月廿日具記道民安惶恐言此月

……

晉散騎常侍……書

七月十日……告朗等便流……

晉黃門郎衛恆書

晉太傅陳郡謝安書

安頓首頓首每念……

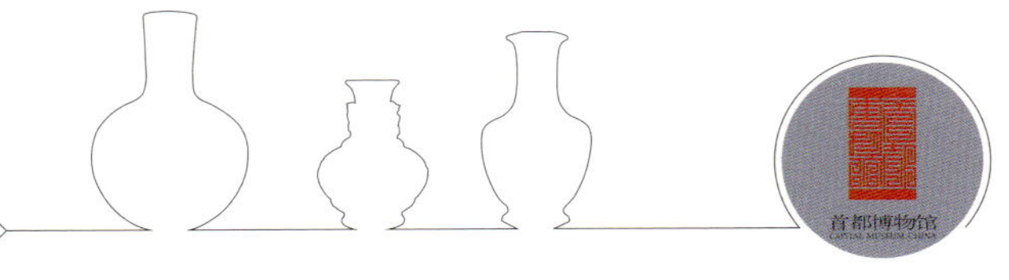

长沙帖

明

纵 31.5 厘米 横 29.5 厘米

1992 年入馆收藏

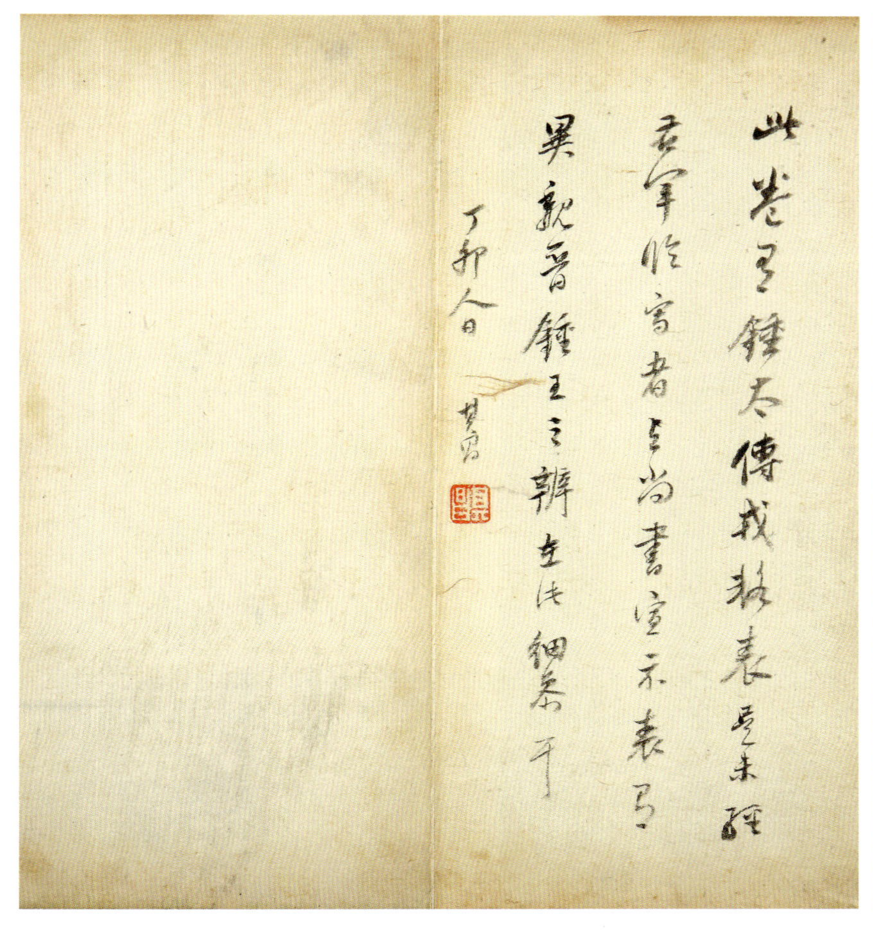

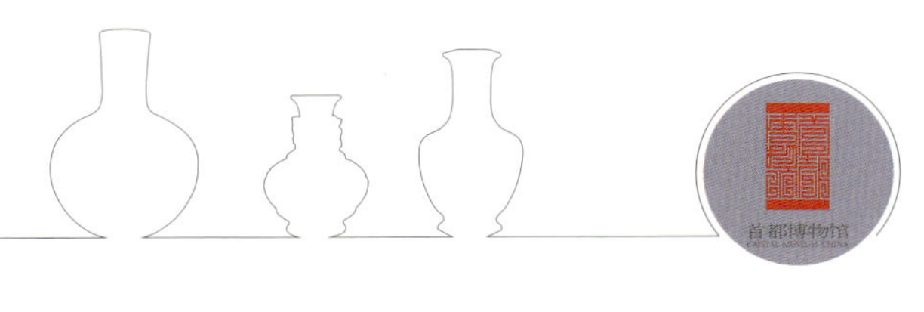

梁交州刺史阮研書

梁征南將軍蕭確書

歷代名臣法帖第四

梁尚書王筠書

梁特進沈約書

梁蕭子雲書

中書令褚遂良書

陳朝陳逵書

龕一依清齋六時禪誦得果之來將
無退轉也春秋踰卅載以至遘
良醫盡白無復近歲之間嬰
疾苦以鴻雀之志觸緒生悲且
荷日蒙恩驅使盡生報國陰願近
心今由東帶西眺於是悲田更深
固始還以緣塞高蹤致子請
遂良頓首和南

度秘書少監虞世南書

世南聞大運不測天地雨平風俗相

更得以忆重莫吾識因奉事
方復在恵從虐此丈深成要捷
以嘉也五月八日男遂良頓首
八侍中前

阻絕星霜變移傷搖落之飄 令感
徐之鄉塞烟霞桂月獨旅無歸析木
葉晏心探薇燕而長性無龍超誤人
異知者哉褚遂良述

家姪至承法師道體安居深以爲
慰耳 復聞久棄塵滓勿銘勵回

度之不堪擬[illegible]也
南皇十三月[illegible]
[illegible]
疲於未有東顧之期
增慨歎今日使人猶
代面如多少也
[illegible]段問追真[illegible]
[illegible]時[illegible]承復時[illegible]

[illegible]三百[illegible]
君壽九宵命同成算玄無之道自
吉興明世南

世南從去月廿七八來一再日行左脚
疾遂不能會至今未好之時時
向來眉猶不入内患少 日望可
自脫除訪問以爲年衰虞世南啓
賢之遠見徵樂毅論便
是書道於益強矣無
如紙墨 世南近服

詢猶未念者停當連附書也
白[illegible]歐陽詢是
五月中得足下書知道體平安
無恙也尚未能平復想欲知者
善行息此無散不奇具之不次
歐陽詢頓首
足下何以定返還人望示尚
永嘉書意云雖欲爲其心也
比年對病無事絕心氣至
於書憂焉並昔時歲言見求

[illegible]司未得心田[illegible]
寸紙不而追[illegible]故來

启事更令歐陽詢書

貞觀六年仲夏中旬初偶請[illegible]
猥辱見示諸家書編以看[illegible]
以補闕帶見了甚亦妙今昔[illegible]
以肩[illegible]於興[illegible]可亦[illegible]書比
敘于其後淘海幸 更念歐陽
詢記之
靜而思之勝事莫復過此每多

首都博物馆

然顯毁字豈能備矣須將示之
十五日歐陽詢
吾比脚氣數發動竟未能
此積何故寄藥從可得也
唐諫議大夫柳公權書

唐顔真卿書
所苦何如來計已痊復
真卿緣馬病朝迴已久未遂詣
謁謹前依不次謹狀
十一日刑部尚書顔真卿狀上
守太保大夫公閣下
千手贊撿未得悚息謹空

不具 公權狀 又
至十六日專到崇賢惟昭察謹狀 十五日 公權

唐諫議大夫褚庭誨書
辭奉後不辱問實增馳係初寒惟
動履休勝庭誨推常可未由拜展

唐李邕書

尾無歲月意者中興後新本耶當此書學湮廢之日即得古刻數行猶堪尋繹矧至四冊之多何其快也天啓丙寅三月上旬東吳李日華題

此四卷初展之大驚大観刻第標首名欵而及蔡京之隽跋拾至第四卷乃顯曾見借來馬病二帖知是希白摹來古帖之跋佳者

董其昌 丙寅七月

長沙帖丞相劉公沆帥潭日以官本閣帖命僧希白摹刻希白筆法喜纖瘦字瘦則露筋力芒采於臨摹家最便窺測古人妙意當時即已尚之然每卷後各有歲月如一卷云慶曆五年季夏慧照大師希白摹勒二卷則云八年仲冬其後卷之各異又中興後新刻本則無歲月今越石所得四冊細玩之所謂筋力芒采咸在其為長沙無疑而

宋曾宏父石刻鋪叙云長沙帖十卷實秘閣前帖翻本僧希白摹刻今止存二卷皆重摹淳化閣帖惟第二卷增入鍾太傅戎路表第四卷增入顏魯公馬病借米二帖耳此刻瘦勁有神世不多見李竹懶董香光跋後有錢唐張酥元無夜題識必吾鄉故家之物今為洪洞劉君鏡古收藏鏡古嗜碑好學是帖得所歸矣余命工重裝題以還之嘉慶三年九月二十一日黃易書於濟寧河署

嘉慶己未仲春之初同安邑宋芝山孝廉觀於鏡古硯齋中濟寧李東琪記

道光庚寅春二月[illegible]借觀

己酉嘉平上澣無棣吳式芬借觀

長沙帖二卷舊為洪洞劉鏡古所藏後歸石門方銕珊之為蘭坻隱君之子幼承家學在詁經精舍甚有聲後舉孝廉官縣令左遷郡佐余官保定得從銕珊借觀嗣余移黔銕珊亦以老病謀歸欲盡棄其所藏金石書畫此帖遂歸於余携至貴陽長夏公餘時一披展因識得帖之由於後道光庚戌六月望日吳式芬書于黔藩官廨聽雨軒

蘇文忠云希白作字有江左風味故長沙法帖比淳化王侍詔所摹為勝世借不察爭仿閣本誤矣舊傳此帖初刻為官本又有劉丞相私第翻刻本長沙碑匠家私翻本中興後新刻本三山木版本廬陵蕭氏本黔江蜀江本此數本為李太僕所定為中興新刻本太僕精識之尤必非無據又有董華亭題跋精妙入神識古帖之佳者賞鑒之士所當什襲而藏也第卷編十千王越石僅獲其四今又遺其二悵真可懊恨然愈少則愈可寶貴商彝周鼎豈以多為貴耶王越石名廷鍇鑒古大[illegible]二鉅乃鑒定評騭蓋亦未嘗漫與也此二卷簽首皆太僕所題

無夜跋并書

后 记

北京市文物公司（北京市文物商店）历经了五十多年，它从初期的个体私营，逐步形成一个集经营，文化，拍卖，出版为一体具有集团化的公司。在这五十多年来文物公司六七十年代入职的老一辈员工经过不懈的努力，走南闯北，上山下乡，进厂入站捡选，从费铜烂铁中不知捡选出多少国宝级的精品力作，为多家国家级博物馆，大专院校及相关研究机构提供了重要藏品和学术研究资料。

编纂本书目颇多辛苦与周折，耗时数十余年付梓，无意垂范。初衷有告之文物战线几代人的不易努力成果，为国护宝奉献之意，经过多方努力今日终于完成与大家见面，这要十分感谢故宫博物院、国家博物馆、上海博物馆、辽宁省博物馆及首都博物馆的大力支持协助，感谢工作中得到秦公、温桂华、何小平、李晨北京市文物公司历任总经理的支持与帮助，更为感谢的是北京市文物公司的几代人，其辛勤不懈的努力和奉献，本书只是从五十多年来为国家各级博物馆提供的众多文物珍品和有学术研究价值藏品中选取其中的一少部分，将此出版与大家共同分享文物工作者多年来不懈努力的成果既一纪念。

图书在版编目（C I P）数据

沧海撷珠重光来：北京市文物公司提供国家馆藏文物珍品选 / 北京市文物公司编. -- 北京：北京燕山出版社，2018.1
ISBN 978-7-5402-4966-3

Ⅰ.①沧… Ⅱ.①北… Ⅲ.①文物－中国－图集Ⅳ.①K870.2

中国版本图书馆 CIP 数据核字 (2018) 第 031464 号

沧海撷珠重光来一北京市文物公司提供国家馆藏文物珍品选

北京文物公司编

主　　编：王利民　刘燕萍
项目统筹：秦　公　王利民　何小平　李　晨
责任编辑：朱　菁　姜栋栋　李满意　王梦楠
编　　辑：李健忠　张中达　何文峰　阎永杰　关　宏　胡馨月　杨丛领　王　翀
赵　博　殷　乐　王　璐　付　洁　徐　晨　李　冰　赵　佳　王　默
董　波　胡　斌
责任校对：甄　飞
设　　计：木　白
社　　址：北京市丰台区东铁营苇子坑路 138 号（100079）
网　　站：http：//www.bjyspress.com
微　　博：http：//weibo.com/u/2526206071
电　　话：01065240430
传　　真：01063587071
印　　刷：雅昌文化（集团）有限公司
开　　本：787mm×1092mm　1/8
字　　数：475 千字
印　　张：45
版　　本：2018 年 5 月第 1 版
印　　次：2018 年 5 月第 1 次印刷
定　　价：980.00 元
出版发行：北京燕山出版社 BEIJING YANSHAN PRESS